外國旅人遇見臺灣驚豔。

李慕瑾 著
林芝安 採訪撰文

【推薦序】一位天生的旅行者！ EMBA雜誌總編輯 方素惠 4

【推薦序】出發吧，重新探索我們的美麗臺灣！ 天下雜誌總經理 葉雲 6

【作者序】東西方靈魂交會 9

【向山走去】德國登山團的臺灣自然真體驗 15

【跟在地人做朋友】「東德製造」記者的在地魂 43

【亞熱帶的遠方呼喚：島嶼．美食．多元底蘊】芬蘭旅人的臺灣驚豔 71

【「No Photo」，用心停看聽】擁抱自然、尋訪歷史足跡的英式旅行風 103

目錄

【人情、手感、慢生活】加拿大記者愛上臺灣的生活新美學 123
【Yummy! My mouth is watering】美國老饕夫妻的臺灣美食、自然地圖 139
【義大利美食美酒評鑑家的品味鑑賞之旅】美食、茶香及風格人文的洗禮 167
【居遊三十天，尋找臺灣在地生命力】德國記者夫妻的深度之旅 203
【愛的承諾】在旅行中生活的美國家庭 235
【後記】一場場令人期待的「外遇」 266

推薦序

一位天生的旅行者！

EMBA雜誌總編輯　方素惠

葡萄牙里斯本的阿爾法瑪區。一下公車，盡是荒蕪破落，了無人跡。旅伴遲疑地問：「妳確定是這裡嗎？」

慕瑾堅定地往前走，然後一轉彎，一個完全不一樣的畫面跳入眼前。港口旁，兩排專賣海產的餐廳一家挨著一家，一串串豔紅的螃蟹和龍蝦掛在餐廳門口，熱氣氤氳。空氣中有一股大海的味道，餐廳老闆用南歐的熱情大聲招呼客人。聲音、氣味、畫面，無不令人血脈賁張，這是所有旅行者夢想的地方。

問她，為什麼知道要拐進這條巷弄，「直覺！」她說。（別忘了那是一個沒有Google地圖的年代。）

這就是慕瑾，一個真正的旅行者。她對美有一種天生的品味和喜好，對美食狂熱和直覺；她發自內心熱愛土地，又勇於探索世界。

十幾年前，兩次和她一起出國旅行，分別是兩布（布拉格、布達佩斯），和雙牙（西班牙、葡萄牙）。行程安排、旅館預定、開車、買票，以及幫旅伴拍照，她包辦了所有的事情。然而，每到任何一家餐廳，面對窗外明信片般的美景，她永遠俐落地先挑選那個背對景色的座位坐下，為的是把好的 View 留給其他旅伴。而那時候，她的身分只是「朋友」，而不是「導遊」。

她是一個最好的旅伴，她做功課和計劃，但個性體貼寬容，讓人沒有壓力；她有想法和堅持，但她欣賞每個人的優點，包容大家的不同。

這就是為什麼當她開始從行銷經理人，「轉業」成為導遊，帶領很多外國旅客在臺深度旅行，我們幾乎可以猜到，她和這些外國旅人會成為真正的朋友，而不是導遊和顧客的關係。她知道如何帶他們欣賞臺灣，但又不是有壓迫感的，讓人非得愛臺灣不可的那種激昂和令人窒息。因此今天，不只是臺灣的各個偏鄉部落，她在全世界有了說各種不同語言的鄉親。

如果你沒有機會跟她一起旅行，至少應該讓她帶你去一家她推薦的餐廳，聽她精采描述這個餐廳的特色和老闆的故事；如果你沒有機會和她一起吃飯，那麼至少至少，應該趕快看看這本書，跟著慕瑾，用新的角度看臺灣。

推薦序

出發吧，重新探索我們的美麗臺灣！

天下雜誌總經理　葉雲

人生中許多美好的事，常常是因著一些你認識的美好人物展開，回顧我生命中難以忘懷的旅遊經驗，慕瑾總是最重要的關鍵字。從花蓮豐濱到加泰隆尼亞的湛藍晴空，從苗栗南庄到普羅旺斯的山城尋索，我們青春歲月的流浪印記，總有她細細擘畫的痕跡。

她天生屬於旅行，好奇、熱愛美食、精湛的攝影技巧和在世界開車暢遊的膽識……在朋友圈中無人不曉。無論旅程安排或巷弄美食，「問慕瑾」總能獲得超乎預期的回應，因此當她要結合天賦與興趣，做一個專業導遊時，我真心覺得這是地表最睿智的抉擇。

這本書整理了過去六年慕瑾接待國際旅人的點點滴滴，閱讀的過程中除了深深受到故事的吸引之外，每篇文章更帶給我許多反思。若看書名我們會不假思索地認為，這是一本書寫旅遊，描繪外國人如何喜歡上臺灣的連篇故事，但我更相信這是一本會讓你感動莫名的書。

在書中，我看到了無敵的使命感。

彷彿要用盡全身力氣，把故鄉的美好傳出去，面對各種「獨特」的期望（不管是爬玉山還是澎湖潛水）總是能聽到慕瑾內心強烈地呼喊：沒問題，如果這樣可以讓你更愛臺灣。而面臨無數突發事件時的應變與機敏，更讓我折服。當我們用這個角度來詮釋時，這本書是一方勵志帖，鼓舞更多在工作中困頓的心靈，重拾初衷找到揮灑的熱情。

在書中，我看到了不同文化間的尊重學習。

九個特色鮮明的旅程委託，六個不同國家和生活習慣的適應交融，透過慕瑾的參與、觀察真實呈現。我們以為可以當個主人，滔滔不絕地講述我們引以為傲的臺灣種種，迫不及待地展現我們習以為常的待客之道，卻忘了眼神交會的瞬間，其實我們可以慢下來聆聽和學習。反向來看，這本書也給臺灣旅人自我探索的提醒。

在書中，我看到美麗臺灣的豐富盛宴。體驗更多臺灣美食、美景、美好的人情物意，相信是你在架上拿起這本書閱讀的理由，透過每篇文章後註的整理，給了我們極為方便查找的線索，只是這本書期待你獲得更多。兄弟回家創業的想望、為臺灣農業復興的壯志、想經營一方驚喜與感動的初心……這些夢想的火鉅，早已融入每個章節，在臺灣每個角落閃閃發光。

二〇〇一年天下雜誌推出「三一九鄉向前行」，我們期望點燃鄉鎮希望，找到地方的光榮感。十五年過去臺灣成爲許多國際旅人的心靈原鄉，很高興這個運動影響了許多人，也產生了許多好的改變，慕瑾多次書中提及，這讓在天下雜誌工作的我，與有榮焉。

初冬時節氣候清朗，風吹稻浪，紅葉飛舞，美麗的景緻好像在呼喚我們心中的能量。

出發吧！帶著這本書一起重新探索，每個人心中的美麗臺灣。

外國旅人

遇見

臺灣驚豔

作者序

東西方靈魂交會

李慕瑾

二〇〇九年春天，我拿到國際領隊及英語導遊執照，準備開始重開機的第二生涯。我一向熱愛自助旅行，也完全沒有跟團旅遊的經驗，但因緣際會，我曾因天下雜誌推動的微笑臺灣三一九活動啟發之故，多次踏遍臺灣三一九鄉。因此當時的我最想做的事，就是希望能以更貼近在地的體驗方式，讓更多朋友認識臺灣這片土地，如我一般愛上這片美好土地的人情地景與食物。於是，一則接待外國來臺客人的旅行社招募英語車導（司機兼導遊）啟事，開啟了我的Private/ Tailor-made tour（私人包團／客製化行程）在地導遊旅程。

我的第一組客人，是一對來自德國漢堡附近小鎮的中年夫妻，在我們碰面後不久後，據他們的說法：「Muchin（我的英文名字）是個跟我們很相近的人。」所以我們很快變成朋友，一起體驗我心目中的臺灣。除了想深度走訪臺灣，他們還有一項重要的任務：領養臺灣的小孩。沒想到，我的第一次導遊身分在接下來幾年繼續延伸，從好朋友、在地翻譯，到最後成了小孩的在臺「親人」。

二〇一五年十月中旬，這對夫妻帶著經過百轉千迴才領養成功的「臺灣出生、受虐，德國收養」九歲小男孩返臺，請我帶著他們一家三口重溫當年跟我環島的路線，為的是讓已經遺忘中文的「德國」小男孩不忘記自己的根。

他們的出現對我而言深具意義

當年是我第一次開車載著客人環島，一方面惦記著行程，一方面又希望能讓他們獲得景點以外的在地體驗，他們竟然很快地解讀到我的念頭：「Muchin，忘掉旅行社規劃的行程吧，照著妳想帶我們去的路線走！」除了住宿地點不變外，我們完全打破原定行程，因為彼此間的信賴，我得以盡情帶領他們進行各種體驗。

我們駛離高速公路，轉進小路，到苗栗銅鑼吃古早味客家菜及賞玩店主人收藏的農村生活客家文物、從知本開一小時車到鹿野品味野菜鍋、在東海岸金樽漁港放空一下午喝咖啡、跟臺北人在誠品過夜讀生活。最後一夜，在看完雲門

盛夏・花蓮富里六十石山金針花滿開。

的表演後，暫別臺灣。這些都是我們嵌在記憶中的共同美好經驗。

旅途上，我們幾乎都在分享彼此對於旅行、生活及對雙方社會現象等看法，景點解說這件團體旅遊的必備事項，反而不再是重點。之後為了領養小孩，他們兩年內又來到臺灣兩次，而我也因為出差及帶團旅行到了德國跟他們重聚。我們在一起時，常說自己不是所在社會的主流人士，但是我們卻在思想、生活品味、會心一笑的環節充分契合，真是跨越地界、文化藩籬，東西方靈魂的交會！

從他們開始，我與後來接待的外國客人將彼此的相遇一致定調為：與在地朋友體驗真實臺灣味。當旅人彼此能在思想、生活品味、會心一笑的環節充分契合，就是一次次跨越地界、文化藩籬，東西方靈魂的交會。

故事，來自參與生活的旅行

當行程不再是觀光，而是共同體驗、對話，主角即是人，不再只是造訪的景點，許多動人的篇章一一開展。

義大利美食評鑑指南《紅蝦》編輯，當年從日本人手中接過第一杯來自臺灣阿里山的烏龍茶，那念念不忘的美好味覺記憶，在南投的製茶廠中被充分喚醒。

芬蘭人在十分之一於自己國家的島嶼上，看到超越想像的飲食、宗教的多元化；他們用高度文明的思維行走及解讀臺灣，讓相遇的臺灣人重新檢視這片家鄉土地的美麗寶藏。

英國律師夫妻用英式觀點自主規劃行程，聆聽自然、尋訪英國人在臺足跡、跟在地人的對話，從行前到旅程中不停地閱讀臺灣（書）到真實體驗臺灣。

從底層出身的加拿大記者，在臺灣從都市到鄉村體驗不同角落的慢生活，溫泉魚按摩體驗成了他最開心的經驗，也是回國後最想分享的一篇獨立報導。

提著兩盒臺東釋迦開心回到德國，夜裡啜一口臺灣烏龍茶，想起清晨四點在花蓮靜浦海邊跟原住民捕魚苗的難忘經驗，德國記者夫妻在一個月的採訪攝影生活中，愛上充滿生命力的美麗寶島。

放下相機、手機、行囊，身心輕盈地行走在臺灣山林步道間的美國老饕夫妻，

「走路是為了體驗自然及吃得更多」的旅行哲學，讓他們品嘗的臺灣在地美食小吃比不少臺灣人更到位，我們也成為彼此旅行中的心靈伴侶。

從沖繩來的美國家庭六人組，原本是想要來臺灣享受戶外活動，因為連綿陰雨，轉而成為一場家庭學習之旅，讓四個從一歲半到十三歲的女孩們學習教養、適應變動、還有跟外人一起旅行的經驗。

潛水高手東德記者在外島澎湖的另類生活以及傳統醫療體驗，讓他對臺灣的人情味擁有最深刻的記憶與最放鬆的享受。

一群德國專業登山客在臺灣遭遇不停歇的暴雨，從失望頹喪到見證災難發生，終究攀上玉山峰頂，讚嘆臺灣的自然之美。

這九個故事，是外國旅人與我在過去六年間，在這塊土地的美好相遇。我們的因緣從熱愛旅行而開始，因無數的互動而彼此觸動，也讓我完成讓更多人看見臺灣美好的心願。這些故事未因他們離開臺灣而結束，我與他們的友誼篇章持續在地球某個角落上演，也希望每個聽故事的人能在身心旅程的某個點上有緣成為旅伴。

向山走去——德國登山團的臺灣自然真體驗

少有外國友人知道，小小的臺灣島上，有三分之二以上屬於山地。臺灣絕對不只有美食，山林更是臺灣最美的風景之一。二〇〇九年，一團來自德國的專業登山者特地來臺攀登玉山與雪山，只是人算不如天算，他們萬萬沒料到，竟然遇上惡劣天候，我也被迫必須當機立斷更改行程，團員們的遺憾眼神、安全考量，彷彿天平兩端，在我心中拉扯。領隊及導遊生涯中，每趟行程大大小小的難題與挑戰是家常便飯，但鮮少有與生命安全互相碰撞的驚險時刻，而這一次，生死一線間的情形竟真實發生。

二〇〇九年，我跟一些旅遊同業飛往德國參加旅行界年度盛事柏林旅展。透過旅展，德國人發現原來臺灣是登山者的天堂。臺灣光海拔三千公尺以上的高山就有兩百六十八座，其中東北亞最高峰——玉山，每年更吸引許多熱愛登山的外國旅人慕名造訪。福爾摩沙壯闊的高山深深吸引了德國一群專業登山者特地組團來訪，他們目標是攀登臺灣的高山，感受山林之美。

實事求是的德國作風

這群團員由一位約莫六十多歲，走遍世界各地的專業登山領隊克里斯多佛帶隊，他雖然登山經驗豐富，卻也是初次造訪臺灣。團員總共十四人，彼此之前並不認識，但都熱愛登山，年紀從四十至七十歲不一，各個看來身手矯健。

德國人做事出了名嚴謹，他們事前安排縝密，規劃行程時特別考量天候因素，選在一般沒有颱風侵擾的十月，攜帶各種專業登山裝備，長途飛行來到臺灣，一心想挑戰臺灣的高山。此行他們預計攀登臺灣最高的兩座百岳，玉山（三九五二公尺）和雪山（三八八六公尺）。期間也計劃探訪幾條各具特色的步道，如陽明山國家公園內，必須手腳並用攀爬的大屯山南峰步道、觀賞臺灣特殊海蝕地貌的東北角海岸步道，以及親身感受站在大斷崖旁，山壁被劈成兩半直至立霧溪景觀的太魯閣國家公園錐麓古道；還有傍山維生的原住民：達邦部落的獵人步道，以及國內外遊客首選的阿里山雲海及日出。

面對實事求是的德國作風，為了掌握每個細節，順利完成每天的行程，每晚我都必須為眾人簡報隔日行程，讓他們能夠完全準備妥當，符合登山者的專業準備。

簡報內容包括詳細提供隔日的天氣預報，根據天氣型態與濕度、溫度，好讓他們判斷須如何準備衣著，像是該穿防水、防曬或防風的衣服？要戴哪種帽子？隔天要走的山路路況，如海拔、坡度、上下坡比例？適合健行或登山鞋？需要

Good morning，日月潭。

帶隨身糧食嗎？穿短袖或長袖的排汗衣？帶小背包還是中型背包？因為他們認為，即便只是爬一天的山，惟有準備對了，才能充分享受山林行走的樂趣，否則容易造成自己或團隊的困擾。

他們每天早上都會做好最後的檢查，把不需要的物品放入大行李，背包裡只攜帶當天需要的裝備，絕不帶任何多餘物品，以免增加體力負荷。他們每人帶的大行李是類似高爾夫球袋的長型袋子，而非硬殼行李箱，這是完全專業級登山健行配備的置物空間，相當方便收納。

陽明山步道初試身手

天公不作美，登山團抵臺後，受到「梅姬」颱風外圍環流與東北季風共伴效應，臺北已開始下起大雨，不過團員們還是興奮地準備隔天開始的正餐（爬山健行行程）。

我們先去陽明山國家公園小試較具挑戰性的步道：大屯南峰。抵達時，下起了傾盆大雨，雨勢驚人，我在車上和眾人討論是否要調整行程。他們對臺灣島嶼型氣候很陌生，無法想像下一場暴雨可能對山區帶來多大災害，所以仍決議走一段山路，但同意改走較平緩的二子坪步道。

出發時，我發現每個團員雙手各持一根登山杖，只有我雙手空蕩蕩。幾位團員主動過來關心：「妳怎麼沒有帶登山杖？」對他們而言，不論走平坦或陡峭的山路，兩支登山杖是必要裝備，因為「一旦有突發狀況時，可幫助自己先穩定下來。」

二子坪步道全長約三．二公里，由我打前鋒走在前面，年長者在後面跟著，德國領隊負責壓隊。這條平緩的步道對這群登山好手來說，只能算是暖身吧。一路上他們沒有因為輕鬆就嘻笑談天，只是專心走路，韻律呼吸，走路很有節奏感、很順暢。走完一段山路，稍事休息後，德國領隊表示，團員們覺得這段

外國人最好奇的事 ／ 臺灣人有練輕功嗎？

中正紀念堂左側有條腳底按摩步道，由許多小鵝卵石堆砌而成，具有腳底按摩的效果。步道上常見到許多臺灣人赤腳行走其上，往往吸引外國人興趣盎然，脫掉鞋子，小心翼翼緩慢地走上去。有些人踩一下怕痛就停在原地，有些人比較勇敢，多走幾步，有些人則請我幫忙解說一旁的穴道圖。

這時，有個臺灣人若無其事像走平路般，在鵝卵石步道上走來走去。讓他們瞠目結舌，驚訝不已，直問我：「他是不是有練輕功？」逗得我哈哈大笑。

路走得很無感，只是在雨中疾行，能否換個地方。因此我們決定離開陽明山，直接駛往東北角。

東北角步道最特殊之處，就是可邊欣賞臺灣數一數二美麗的海岸線，同時看見各種經過風蝕和海蝕而呈現不同風貌的岩石。我們選擇龍洞附近的灣岬步道。這條步道平常看似風平浪靜，但其實也會出現瘋狗浪，之前就有戶外教學的團體成員在此淪為波臣。很幸運，我們走灣岬步道時沒有下雨，倒是風勢強勁，頂著強風大夥沿著海蝕斷崖步道行走，幾個團員說：終於有置身大自然，看到壯闊風景的感覺，但他們心中想著的依然是夢幻的大山，之後我們直奔宜蘭。

落空的雪山行

原本我們打算在宜蘭傳統藝術中心短暫停留，然後趕往花蓮太魯閣，經合歡山前往此行最令團員期待的大山——雪山；怎料到，老天爺在這時開了我們一個大玩笑。

往傳統藝術中心的路上開始下起暴雨，大雨滂沱，我們眼睜睜看著兩旁稻田瞬間被雨水淹沒，路上積水漸深，車體有點半漂浮起來，險象環生。到了傳統藝術中心時，積水已深，必須把褲管捲到膝蓋，涉水而過。這群穿兩截式登山褲的團員有備而來，一個個開始拆去下半截褲管、收入背包，每個人頓時變成穿短褲。

我內心隱隱感覺不妙，拿起電話撥給當晚預定投宿的花蓮太魯閣布洛灣山月邨打聽路況。

「這裡還好，你們在哪？趕快趕過來吧。」對方在電話中催促。顯然蘇花公路交通正常，但我仍隱隱覺得不對勁，當下決定採取拖延戰術。

正接近中午用餐時間，我帶著眾人品嘗宜蘭在地料理甕缸雞。餐廳由鐵皮搭建而成，持續不斷的大雨打落，交談時根本聽不見彼此的聲音。往外看去，積水已深及行人小腿。

「蘇花公路可能斷了。」我先跟德國領隊打預防針。

「大家可能會很難接受，這不過是一場雨呀。」領隊語氣有些沉重。

「我知道了。」我走到較靠近餐廳外側，邊上網查，也再打電話問最新路況。

「蘇花現在已經是單向通行了。」手機訊號斷斷續續，另一端的布洛灣服務人員誠實以告。

「現在雙向都無法通行了，很抱歉。」我轉頭改口對克里斯多佛說，為了安全，我必須調整行程。

對團員們來說，事情很大條。照理說，十月時颱風侵襲臺灣的機率不高，他們也特別挑這時候來登山，沒想到，一場豪雨所帶來的影響竟會這麼大。

「我們無法前進花蓮，得往回走了。我知道大家一定無法接受回臺北，就先走原定的西半部觀光行程，改去南投日月潭。」我對領隊解釋，先走不受天氣影響的行程。半小時內，我修改了所有行程，也請旅行社協助將所有的住宿飯店全部調整。

「不過是一場雨，為什麼要這樣改變行程？」遊覽車上團員各個面色凝重，用德語議論紛紛，不斷要領隊問我。

坦白說，我壓力很大，我知道他們此行最期待爬雪山、玉山，行程一旦更改，就無法按照既定的申請日期入山，攀爬雪山的心願肯定落空，而大雨後也許玉山也不會開放。

一場大雨，釀成嚴重災害

車子往南投途中，不到黃昏時，我的預感成真，蘇花公路完全斷了，雙向禁止通行。當晚抵達飯店時，團員們依然要我簡報隔日行程以及該準備什麼。我當場告知，受到天氣影響，雪山國家公園已經宣布關閉，確定無法成行。大家一陣嘩然，但也無計可施，只能落寞地回房。

夜幕低垂，拖著一身疲憊，我獨自拎著行李回房。當我隨手打開電視的新聞臺時，整個人呆住了。

眼前景象怵目驚心，蘇花公路遭大量土石沖毀，行經該路段的大小車約三十輛、超過五百人一度受困，其中一一二・一公里處九宮里路段有五千立方公尺土石崩塌，一輛自小客車遭掩埋，一輛搭載中國觀光客的遊覽車也遭掩埋。同一時間，不遠處的路段更因瞬間暴雨造成大量坍方，也載著中國旅行團的遊覽車遭落石擊中，不幸落海……隨著一幕幕驚悚畫面播出，我頭皮發麻，心情也跟著五味雜陳，久久無法言語。天啊，估算時間，如果我們依照原定計劃前往花蓮，那不就是我們準備行經蘇花公路的時段嗎？

一場暴雨奪走二十六條人命，死傷慘重，成了臺灣近年來最嚴重的遊覽車事故，而我們，差點就在其中。

隔日清晨，團員們一看到我，紛紛過來道謝，領隊特別對我說：「真的非常非常謝謝妳，做了明智的決定。」他們已經從新聞中知道災情，大家都有逃過一劫的感慨，原本的落寞心情在驚嚇之餘也已消散。

「為什麼一場雨對臺灣的影響這麼大，造成如此嚴重的災害？」團員們請領隊問我。

我解釋，臺灣是一座島嶼，受到歐亞大陸板塊與菲律賓海板塊推擠，地震頻繁，地勢起伏大且陡峭，加上短時間內降下大雨，土壤無法承受……蘇花公路依山傍海，風景雖秀麗，但一邊是斷崖，一邊海天蒼茫。道路狹窄，只要遇到颱風、暴雨或地震，落石、坍方不斷，道路柔腸寸斷……，他們慢慢理解這座島嶼的天然災害成因。

順利登上東北亞最高峰

受到豪雨影響，玉山管理處仍禁止遊客進入。我心想，德國人攀登雪山的夢已經碎了，如果也無緣得見玉山，他們絕對難以接受。畢竟，他們此行不是來參觀景點，而是打算挑戰臺灣第一、第二高峰。

我打給觀光局說明原委，請他們伸出援手。

「如果玉管處可以開放，基本上會是後天，但得等到前一天才能確定。」這是我收到的回覆。

還沒確定隔天是否可以入山，團員們又給了我一道難題：「會有背工幫忙背行李嗎？」原本旅行社並無規劃背工，而是請兩人一組的登山嚮導，一人在前帶路，一人則當伙夫，負責先把野炊用具背上去。

「那我們的登山裝備誰幫忙背？」原來，他們登山過夜的睡袋等裝備通常會交給背工，自己只攜帶登山杖和必要的輕裝備。他們堅持這麼做，當下我只得趕緊尋找合適的背工。問題是，幾天大雨下來，玉管處都還沒確定開放入山，這時候要找到背工，簡直比登天還難。幸好，最後我找到達邦部落的原住民前來支援。鄒族男子各個熟知山性，他們從達邦那邊爬上阿里山過來跟我們會合，走路差不多兩小時。好運連連，玉山管理處答應開放入山，確定可以爬玉山時，全體團員高興得不得了。

因為等原住民前來會合，我們出發時已經近中午，久違的陽光在頗有寒意的低溫下露臉，但是對這些來自北國，殷殷期盼登上臺灣最高峰的登山客，這陽光可是無比溫暖。這段時間因為排雲山莊整修，我們預計當晚直接走到海拔更高的圓峰山莊（三六五〇公尺）。從塔塔加走到排雲山莊的八・五公里，算是較親民的步道，沿途多是緩上坡；或許是因為心情興奮，一半以上的團員們用趕路的速度往上爬，成了行軍的登山隊，居然只花了四小時就到達排雲山莊，通常一般人得走五個半小時啊！行進間他們少有交談，即使是在休息時間，每個人都是隨意找個位子席地而坐，安靜地休息及補水，或眺望山間景緻，在我

外國人最好奇的事 ／ 原住民文化體驗？

達邦部落是隱身在阿里山山區的鄒族部落，鄒族頭目穿傳統服飾、頭上還插著羽毛迎接及帶領大家走步道，共同體驗原住民文化。德國登山團帶著好奇心，嘗山豬肉、芥末、麻糬，裝食物的器皿用竹子、木頭編織製成，他們覺得很有創意。第一次喝到淺黃色的明日葉茶湯，他們有點戒慎恐懼般小喝一口，「就把這當成花草茶（Herb tea）吧。」我笑著說。

外國旅人

遇見

臺灣驚豔

登上玉山山頂的那一刻。

看來，這是一種親近山林的美好姿態。約莫下午五點全員抵達排雲山莊後，團員中年紀較大的人表示不想再往上，較年輕的團員則想繼續往上爬，希望在天色變黑前順利到達圓峰山莊。就在左右為難時，管理處的人打電話來強烈建議安全至上，不要繼續往上，因為往圓峰山莊的路不太好走，且天快黑了。最後大家決議，在排雲山莊待一晚。

麻煩的是，排雲山莊整修關閉中，我們只能在山莊外搭帳篷，但德國登山團有些為難。「我們帶的是薄睡袋，禦寒設備不足。」透過領隊翻譯，我明白團員們的考量。

怎麼辦？

我不斷和管理處負責人溝通協調，總算獲得同意，讓他們睡在整修中的排雲山莊，我則跟原住民背工睡在外面的帳篷。不過也因為沒有攜帶較厚的睡墊，在硬梆梆的地面睡一晚，導致背部肌肉受傷，花了一年多接受復健治療，這真是令我難忘的一晚。

經過一夜好眠，大家蓄勢待發，早上五點，天微亮，我們開始二．四公里的攻頂之路。這段路不若登山口至排雲山莊好走，一開始的「之」字形陡坡就是個下馬威，而抵達主峰的最後一小段碎石陡坡，部分路段地形較危險，狹窄的路徑雖有鐵鍊可依靠，一旁就是斷崖，須步步為營。有一個團員不敢走，決定由一位嚮導陪同下山，在排雲山莊稍候。其他人則在早上七點半左右順利攻頂，登上臺灣最高峰玉山。登頂時晴空萬里，眾人笑逐顏開，卻不急著拍照歡呼，而是紛紛找個石頭坐下，欣賞群峰環繞在腳下的美景，偶爾眼神飄到剛剛走過的碎石陡坡，無比開心登上了臺灣的第一高峰！有團員說：「真難想像現在是秋末，在接近四千公尺的高度，眼前看到的竟不是白雪覆蓋，臺灣人太幸福了！」下山了，或許是因為終於順利登上玉山，大家心情輕鬆不少，速度自然變得更快，甚至有人跳著走因此摔跤。這位受傷的女團員，「就是因為她只使用一根登山杖！」團員熱心解釋，爬山之所以一定要用兩支登山杖，在上坡時縮短，下坡時則拉長一些，正是因為能幫助平衡，同時減少對膝蓋的傷害，萬一快跌倒時，還能有個支撐，也可以降低受到的傷害。

「日後不論登什麼山都要使用兩支登山杖。」德國人看著兩手空空的我，不斷提醒。

合歡山上的美景饗宴

相較於玉山須兩天一夜背負裝備步行才能抵達，合歡山則是親近臺灣高山的另一種愜意體驗。我跟團員提到臺灣的國民運動是健行爬山，有登百岳經驗及完成的人可是不勝其數，尤其是在這類車子直接把人帶到三千公尺以上的高山，常常是不分老少、經驗不拘的最佳登山選擇。

在開往合歡山的臺十四甲線上，團員們從車窗看到很多臺灣人騎著單車，奮力爬坡。「這很不可思議。」德國人嘖嘖稱奇。合歡山海拔三千多公尺，歐洲

上／置身合歡主峰雲海。
下／與大自然融合的清境樹屋民宿。

人很難想像可以在山頂的公路旁騎單車，且人車共道。

他們也不停問我：「這裡可以看到雪嗎？」

「不常有，但這裡可說是臺灣最容易到達的賞雪之地。」我解釋道，每當冬季寒流來襲，水氣與冷鋒在合歡山區交會，有機會飄雪的消息一出，總是吸引很多人特地開車上山，欣賞難得一見的銀白色雪景，打雪仗，堆雪人，因為這對於處於亞熱帶的臺灣來說，是很特別的經驗。

當晚住在松雪樓時，德國人非常驚訝，居然全館有暖氣，連走廊都有，「全臺灣大概只有這裡有。」我解釋。

十月的合歡山秋高氣爽，可以看到很多臺灣特有鳥類，還有一個獨特美景，「這裡隨時雲霧飄渺。」無論是綿延的雲海映照著夕陽餘暉，或是身處雲霧之中，團員們一致認為這是合歡山最美的地方。不論是在車行的環山公路上，或是在健行的步道上，每個角落都可以捕捉到讓人屏息的壯麗山景及大自然染成的五彩繽紛地貌；還有，每個峰頂總能讓愛山人同時看到好幾座臺灣百岳的身影。

為了滿足團員們的登山癮，我們一天內連續走了四個步道，包括可以欣賞到日落美景、三百六十度雲海以及可以看到奇萊群峰、南湖大山、中央尖山等百岳壯麗景觀的主峰步道；可以看日出的石門山步道；東峰及合歡尖山步道。團員們在走這些步道時，不再抱持登頂的心態，一路上隨時停下來遠眺連綿的山峰或仔細觀察地上的高山植物，及隨時飛來的鳥兒，大家的神情也是輕鬆自若。或許當登山少了攻頂的目標，我們的視野將更遼闊。

石門山可算是臺灣最容易攀登的百岳，海拔三二三七公尺，從登山口出發，約二十分鐘即可登頂。我們特地選在日出時登頂，看著天色逐漸轉亮，箭竹草坡披上金色外衣，團員們也沐浴在朝陽的金色光輝之中。團員中一對年近七十歲的夫妻特別跑過來跟我說：「這短短的山徑，不但植物生態豐富，還一下子就『登頂』，好幾座臺灣百岳盡收眼底，真是值得為日出而起的健行。」

而合歡東峰步道算是其中較具挑戰性的，雖然僅有約一公里，但海拔上升約三百公尺，大家走得氣喘吁吁。這條步道不全是泥土路或階梯，也有石頭鋪成的石子路。走石子路時，我看著他們紛紛收短登山杖，頗為好奇。「這樣能節省力氣。」看出我疑惑的團員主動解釋。

東峰頂視野開闊，清楚可見貫穿整個合歡山區的臺十四甲線高山公路。大夥在山頂各自散開，安靜欣賞臺灣的高山之美。

看著團員們喜悅滿足的神情，我相信，臺灣山林之美已在他們心中留下深刻印象，就算遺漏了雪山，團員們此行不算圓滿，但也不虛此行。我更深信，山林美景和豐富的自然生態資源，是臺灣另一塊瑰寶，值得向更多外國旅人大力推廣。臺灣地形多變、地貌多樣，不只有高山美景，還有海岸、中海拔森林的步道及許多容易親近的郊山，就在城市邊緣，登山步道鋪設良好，只需要依照指引就能輕鬆到達，外國人稱為「市民週末可爬的山」。沿路還可欣賞各種植物鳥禽，生態豐富，一定能讓熱愛自然與山林美景的外國人大大滿足。

而這次跟隨一板一眼、謹慎行事、無比執著的德國人一起登山，從他們身上，我學到很多登山該做的準備及精確的做事態度。

領隊克里斯多佛和一位隻身前來的女生在回臺北的火車上，跟我聊起他們對此行的感受：「臺灣的山景跟天氣變化萬千，讓我們始料未及，但是不可否認臺灣島嶼特殊的地貌，讓我們很想再來探訪。」

看到他們對登山及登頂的執著也引發我的省思：愛山的同時，若我們少了登頂的挑戰性目標，是不是多了些與自然和諧共處及對話的空間？在大自然中，精密的計劃往往抵不過無常的變化，人們常常忘記大自然的變化無窮正是迷人之處，接受及珍惜當下的賜予，保持改變計劃的彈性，每趟向山走去的旅程將帶給自己身心最貼切的洗滌。

民宿最亮點——
嘉義／秘密遊民宿

嘉義縣阿里山鄉達邦村 7 鄰 185-2 號
電話：05-251-1378

這裡是綠建築設計，全是平房，一屋兩張大床，整片落地窗，外頭的自然景觀盡收眼底，內部陳設全用木頭，布置雅緻，房間內的花瓶內全插著現採野花，五顏六色，小巧可愛。房間內落地窗旁設計木頭小平臺，在這裡泡茶，向外遙望壯闊山色，整顆心慢慢安靜。

屋內還有漂流木做成的木雕椅以及一個大浴缸，讓人可好好放鬆沐浴，洗滌身心。隔著整片玻璃往外望是一片綠意盎然。

主人從小在這裡長大，曾經當過高山嚮導，現在轉經營民宿，他希望這個地方能好好被保存。

步道最亮點——
東北角龍洞灣岬步道

走濱海公路至龍洞漁港的和美國小。

龍洞灣岬步道北邊的入口位於和美國小旁，南邊入口則是在龍洞南口海洋公園。

步道南北折返全程約九十分鐘。

德國登山團十四天　（風雨改版行程）

day 1　臺北（中正紀念堂、迪化街、龍山寺）

day 2　臺北（故宮、忠烈祠、淡水漁人碼頭、士林夜市）

day 3　陽明山步道健行→東北角龍洞灣岬步道→宜蘭傳統藝術中心→日月潭

day 4　日月潭（文武廟、慈恩塔、伊達邵、玄光寺）→埔里中臺禪寺，夜宿：伊達邵富豪群民宿

day 5　日月潭→臺南市區遊

day 6　臺南→高雄（春秋閣、旗津）→佛光山

day 7　佛光山→阿里山達邦（神木、茶園及部落導覽），夜宿：達邦秘密遊環保民宿

day 8　達邦原始步道健行→竹林步道健行→阿里山森林遊樂區

day 9　阿里山→玉山塔塔加→排雲山莊

day 10　排雲山莊→玉山主峰→塔塔加，夜宿：清境雲南樹屋民宿

day 11　清境→合歡山（石門山、東峰步道、主峰步道、合歡尖山）

day 12　合歡山→花蓮太魯閣（蓮花池步道）

day 13　花蓮太魯閣（得卡倫步道、長春祠步道、綠水合流步道），夜宿：花蓮金澤居綠建築民宿

day 14　花蓮→臺北 101

外國旅人

遇見

臺灣鷺鷥

跟在地人做朋友—

「東德製造」記者的在地魂

馬克是德國《柏林日報》（*Berliner Zeitung*）旅遊版的自由撰稿人，報導全世界的特色旅遊，擁有世界高級潛水執照且深愛潛水，只因為看到一篇報導說臺灣是潛水者的天堂，就向觀光局提案來臺一探究竟。馬克原本此行的重點是到澎湖潛水，一探臺灣的海底世界，但最後，我們卻是在陸地上，與海上女神、與海味、與靠海為生的臺灣人譜出更多故事。來自東德的他是我帶領過最樂意與人對話的記者，他希望挖掘真實生活的靈魂，參與地方群聚的生活，這些在臺灣的滋味，隨著他回到德國，渲染出一篇篇引人入勝的文章。

海洋與信仰的召喚：因宗教信仰而凝聚

因緣俱足，馬克二〇一〇年造訪臺灣的時間正巧遇上大甲媽祖遶境；大甲媽祖每年於農曆三月間出巡遶境長達九天八夜，終點在嘉義縣新港奉天宮，我們決定直奔嘉義新港，參與這場年度宗教盛事。

不大的純樸小鎮，這時擠滿了各地來的信眾、觀光客，在地鄉親紛紛忙著協助活動進行；遶境的隊伍長龍中，虔誠祝禱的男女老少皆有，往媽祖廟的路上人聲鼎沸，兩旁各式攤販林立，歡樂的畫面如同遊樂園般炫目。這裡是宗教的，也是世俗的空間交會處。

馬克興奮於現場嘉年華會般的熱鬧景象，問起臺灣人對宗教的態度。「對多數臺灣人而言，民間信仰與傳統習俗、日常生活緊密結合。一年四季，依循著特定的習俗度過；我們也會為神明慶生，其中尤以媽祖的生日最受大家重視。」我繼續說明，臺灣既是海島又多移民，媽祖保佑當年的先祖渡海來臺、庇護漁民的海上安全，所以人們特別重視媽祖的祭祀，媽祖廟因而遍布各地。不只是媽祖，臺灣許多民間信仰的儀式，都是凝聚各地民眾的重要時刻，有新聞報導、學者研究、觀光客參與、遊子回鄉，整個地方都動了起來。

「宗教生活化，的確是很有意思、很重要的生活經驗。」馬克說。

活動中，最吸引馬克目光的，是改裝成鮮豔絢爛舞臺的小發財車，上頭穿著火辣的年輕女孩搔首弄姿，隨著尖銳刺耳的電子音樂載歌載舞。

「So funny。」老實說，一開始我有點不太想讓外國記者看到。觀察力如鷹眼般銳利的馬克，察覺到我的避諱、不肯多談，隨即轉頭問我：「為什麼是So funny，這不就是這裡的人平常的生活方式嗎？這讓妳感到尷尬嗎？」

「這叫做電子花車，就跟檳榔攤一樣，只是地方次文化。」我說。「我不認為電子花車只是地方次文化，與主流文化有什麼高低之分；這就是你們社會中真實的存在，電子花車上的人和虔誠的信徒，有什麼差別呢？」他鏗鏘有力繼續說，「不論是遶境隊伍裡的信眾，還是在電子花車上賣力演唱的女孩，我看到

鹿港神明出巡。

大家一起為信仰而付出；我成長的東德社會，我們從未因宗教信仰而凝聚，但我在這裡看到了。」

向傳統致敬：活的博物館

感受完媽祖對於臺灣人的影響力後，我們來到鹿港。

除了品嘗鹿港小吃，我們更造訪曾榮獲「國家民族藝術薪傳獎」的國寶級燈籠工藝大師——吳敦厚。

靜謐的街上，鹿港分局旁，一家門口掛著各式燈籠的店鋪便是吳敦厚燈鋪；聽說旅人遠自東德來訪，大師親自出來接待，令我們喜出望外。

當時高齡九十二歲的吳敦厚大師，有著兩道修長白色八字眉和白色鬍鬚，臉上經常掛著慈祥笑容，他遵循古法製作傳統燈籠已超過一甲子。他所製作的燈籠往往成了各迎神賽會及燈會的搶手貨，連國際知名女歌手「女神卡卡」（Lady Gaga）也曾獲贈，並相當喜愛。

馬克入境隨俗地坐上矮凳，興致勃勃東問西問。「為什麼會有不同顏色的燈籠呢？」大師笑著解釋，不同顏色代表不同用途。黃色是掛在廟宇或神明出巡時使用，紅燈籠則大多用於喜慶，或商家掛在門口表示營業中。燈籠上畫有龍、鳳、麒麟等吉祥物，例如「龍燈」，龍代表吉祥，可用於寺廟或住宅；「鴛鴦燈」則多用在結婚儀式，不同場合或節慶使用不同燈籠，不能混用。

細膩的畫功是製作傳統燈籠的重點，上面的書法字，則能畫龍點睛。大師親切地教導馬克寫書法、畫燈籠，我在旁邊看，這兩人好像一對祖孫，爺爺慈祥有耐心地教孫子寫字畫畫，備感溫馨。

久未出手，大師這次親手在白燈籠畫上一道竹梅，「不用寫上我的名字！」想要保有最原汁原味的傳統燈籠，馬克趕緊拿另外一張紅紙，讓大師寫上他的名字作為紀念。

外國人最好奇的事 ／ 什麼是大甲媽祖遶境？

這是臺灣宗教界的盛事，農曆三月廿三日為媽祖誕辰，會經由擲筊，決定遶境出發的日期。從臺中大甲鎮瀾宮出發，抵達嘉義新港奉天宮再返回鎮瀾宮，全程九天八夜，隨著時代演進，現在除了有 GPS 可定位大甲媽祖位置，更有許多文化工作者，趁此機會，帶領不同世代的群眾共同認識媽祖文化。

「我走遍世界各地，這個燈籠是我最喜歡的當地藝術品。我漸漸有這是我心目中想像的臺灣的感覺了。」走在鹿港小鎮，兩旁盡是百年古厝、香鋪、佛具行，環繞著手繪燈籠、傳統糕點、古早味小吃的街上，馬克說著他的感想。

的確，鹿港就像一座活生生的博物館，可能有些人不知道，臺灣各地九成以上的神龕、佛像製作，都來自鹿港，可說是最著名的燈籠、佛像、神桌、金爐等宗教用品集散地。

飲食對話：人與人之間的交流是旅行最深刻的記憶

準備去澎湖潛水之前，我們先去地理位置與澎湖遙相呼應的臺南。

走在過去洋商集聚的安平古堡周邊，我看見德商東興洋行的石碑，跟馬克說：

「這是臺灣一個跟德國人有關的三級古蹟，你有興趣看看嗎？」

饒有興致的馬克立刻讀起門前附有中英文的解說，興奮地逛起洋行。「這個房間就是一般德國人的起居室，這裡有不少德國名人的肖像畫，在臺灣看到這些真有趣，戶外的餐廳看起來有賣德國料理，對嗎？」意外的是，馬克真的想嘗嘗臺灣的德國料理，儘管我說這可能是改良過的臺式德國料理。後來，在他享用香腸料理當中，我明白他希望透過生活飲食的對話，讓我們瞭解彼此。他相信，跟一個對自己家鄉土地有熱情的當地人做朋友，才能讓他走入真實體驗的旅行，採訪方能有在地生命力。「現在起，我們已經是朋友，可以天南地北地聊，這不就是認識一個地方最好的方式嗎？」馬克跟我聊了不少對於旅行、人際及情感的想法後說著。「還有，這個香腸料理就是一般的德式料理，只有醬料跟我家鄉用的不一樣，所以，妳不覺得要敞開心胸看待嗎？」他還記得我說過的，這是「臺式德國料理」吧！

逛著逛著，我們到了有「臺灣迷你亞馬遜」美稱的臺南四草濕地，享受一段水上的綠色隧道之旅後；我們離開四草在附近找個角落坐著休息，不遠處的大橋上，幾位當地人自在釣著魚。

「這畫面比夕陽更動人。」馬克看了半晌後說，他欣賞著當地人的生活趣味；我們坐在海邊隨意聊天，看著藍藍的天，馬克突然問：「這裡跟澎湖同一個海域嗎？」

「對。」

「我們明天去澎湖純渡假吧，我看這海水濁度，明天不可能下海潛水了。」擁有全世界最高級潛水執照的他，觀察海水濁度就能判斷是否適合潛水。我知道來臺灣潛水是他此行最深切的期盼，顯然，他準備好失望了。

放下對潛水的堅持，體驗澎湖在地生活

我們預定待澎湖四天，當我們從嘉義布袋漁港搭乘快船抵達澎湖馬公，觀光局澎湖管理處跟菊島的豔陽熱情歡迎馬克及有些暈船的我，安排我們住進西衛海一間特色觀景民宿：海藍藍庭園咖啡民宿。

附近共有五間特色民宿，是由五位原本擔任領隊與導遊的澎湖在地人經營，他們周遊列國後決定回歸故里，一起用在地經驗提供旅客最道地的服務。他們在自己的家鄉，比鄰蓋了五間民宿，五個顏色、風格，都以「海」命名，我們住的這棟藍白相間建築，滿是希臘風情。

打點好住宿，我們搭船前往桶盤，澎湖在地的潛水教練已經幫馬克準備好相關配備，為了不讓東道主失望，明知可能無法潛水的他仍換好裝備下水。果然，不到十五分鐘他就冒出水面，搖搖頭對我說：「海水濁度太高了，這幾天都不

上／二崁傳統風情。
下／不改記者本色的馬克。

外國旅人

遇見

臺灣驚豔

可能潛水。」

馬克的ＥＱ很高，雖然無法達成此行心願，他仍很快轉換心情，全心體驗菊島的在地生活。

隔天一早我們前往吉貝島，「這片白色沙灘真是太棒了。」快靠岸時，馬克驚呼連連。如果要逛完吉貝，只能租摩托車或開車，我有點遲疑地說：「我不會騎摩托車耶。」

「沒問題，我載妳。」馬克決定租摩托車載我逛吉貝島，我們騎去海邊看澎湖特有的石滬（當地漁民利用潮汐堆砌堤岸的捕魚陷阱），停在路邊攤吃海產。

「慕瑾，我們就做旅客會做的事吧。」馬克邀我一起赤腳在沙灘上散步，享受陽光、海水及美好的當下。他說：「這才叫做生活，我們忘記潛水這件事吧，我也不會寫潛水的報導了。」

一開始，決定在島上騎摩托車，坐在後面的我，坦白說有點擔心。

「還記得我們參加過媽祖遶境嗎？媽祖會保佑我們的，別擔心。」馬克拍拍胸脯，轉頭對我燦爛一笑。好吧，我也只能硬著頭皮坐在後座，感受菊島的豔陽和陣陣強風。

這四天，我們決定過澎湖在地生活，穿著短褲和夾腳拖，隨處走走，去澎湖古厝旁小吃攤吃東西，坐在高高的木頭桌子上，用大碗公吃飯，馬克樂在其中。「慕瑾，臺灣人普遍不高，為什麼這個桌子這麼高？」果然不改記者本色，觀察敏銳。「我也不知道。」老實回答，後來我也問了當地人，沒有人知道答案。但我猜想這可能是供桌，居民直接把供桌當餐桌。馬克繼續問：「那為什麼吃飯用這麼大的碗公呢？西方人的碗多半淺淺的，這裡的碗比較深。」

「農家以前沒有太多器皿，而且務農需要較多熱量，食量比較大，用大碗公裝，可以吃飽一點。」我跟他聊起臺灣傳統農家的生活樣貌。

當離島孩童看見光頭男老外

越過跨海大橋，我們來到古意盎然、只有一條主街的二崁聚落，我們在這裡逛逛改成商店的古厝、品嘗古早味的杏仁茶、看手工製香，馬克看到每家店前都有古甕，問著：「這是種花的還是裝水的？」我露出愉悅的神色回答：「這是用來醃漬蔬菜的甕，因為島上蔬菜不多，這樣才能時時有菜吃啊！」

離開主街，我們開始穿梭在閒靜的巷弄間，尋訪更多古早味的建築，走在悠靜的島上。突然，路上出現兩個小女孩，約莫九歲、十歲，好奇盯著馬克看，感覺很像想跟他說說話。敏銳度頗高的馬克當然也感受到了。

「慕瑾，妳有沒有看到，那兩個女孩的眼神，好像對我這個外國人很好奇。」他請我幫忙問小女孩們，是不是有問題想要問。

我馬上就對著小女孩轉達馬克的疑問。有趣的是，小女孩很有自主性，轉頭跟我說：「那妳跟他說，他如果要問我問題，我要先問他問題。」

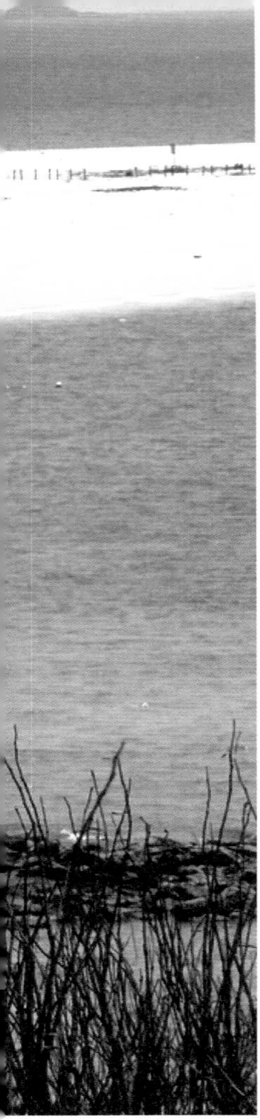

外國旅人

遇見

臺灣驚豔

左／吉貝海景。
右上／澎湖知名的特色「石滬」。
右下／明知即將失望，還是換上裝備試潛的馬克。

小女孩的反應讓他覺得很有意思。

「那妳想要問他什麼問題？」我問小女孩。

「妳問他，為什麼光頭，是不是生病了？」小女孩天真稚氣問著。

哈，這問題挺有趣的，其實馬克也有發現臺灣很少人光頭，他經常被側目以待，曾經問過我，臺灣人是不是不太有光頭造型。

我對小女孩說我也不知道，但可以幫忙問問看。

「剃光頭在我們家鄉很常見，代表一種風格，不代表生病啊。」他提出抗議，並且請我轉達：「妳幫我跟小女孩說，我覺得光頭非常好看。」

「妳跟他講，我覺得這樣不好看，而且這樣看起來比較老。」小女孩嘟起小嘴，小臉瞥向馬克。

我就像座橋梁，幫他跟小女孩們進行一場即興對話，後來小女孩中比較有主導性的那位，說出了讓我們想起來就會笑的一段童言童語：「妳跟他說現在輪到我們兩個小女孩的相處時間，請他不要再繼續跟我們說話了！」她們大概覺得不有趣了，逕自跑走。

「慕瑾，這就是旅行的真義。」馬克笑著對我說，跟小女孩的對話很有意思。

「多好啊，這就是小孩的純真，不會想來取悅我們。」

上傳統市場採買，愛上澎湖絲瓜料理

為了體驗在地生活，馬克準備跟民宿主人一同上市場採買、準備料理。

一路上，馬克不解地問我：「這裡陽光很熱情，可是為什麼女人都把自己包得緊緊的？」

「會曬傷啊。」我脫口而出。

「可是我們覺得看到陽光是很美的事情呀。」果然是歐洲人，認為生活就該擁抱燦爛陽光。

巷弄間尋訪二崁人文。

外國旅人

遇見

臺灣驚豔

我們跟著愛做菜的民宿主人來到菜市場，從買菜開始，讓馬克認識澎湖在地食材，採買絲瓜、白花菜、蛤蠣等；馬克根本沒看過絲瓜，尤其是澎湖絲瓜，採買回來後他跟著學切絲瓜，切片、切絲，甚至，也學著刮魚鱗。

「原來切工跟口感有關係。」馬克恍然大悟，以前他吃中國料理，都不明白為什麼老闆要費時將食材切成小塊。晚餐時，我們品嘗一起親自採買、處理、烹煮的餐點，問他最喜歡哪道料理，他挺捧自己的場：「我覺得絲瓜料理最好吃，因為融合了我跟在地人的生活對話及學習。」

時值四月，天氣不太穩定，當天島上狂風大雨，風大到門都打不開，那一剎那，馬克體會到這裡的生活不易，居民靠天吃飯。民宿主人分享，澎湖一年四季風大，食物得乾燥保存，例如把花椰菜做成花椰菜乾，就是澎湖特有作法。

風強雨驟，天氣落差太大，隔天馬克得了重感冒，咳嗽、頭暈。民宿主人推薦他試試民俗療法，他竟然同意了，這對像馬克這種只能想像國術館治跌打損傷或貼狗皮膏藥的歐洲人來說很不容易，因為民宿主人找來的是一位用按壓穴

馬克跟民宿女主人學習刨澎湖絲瓜。

外國旅人

遇見

臺灣驚豔

道、疏通氣脈方式治療的師傅。

「我可以感受到中國人重視穴道，這真的不是按摩，而是在幫我疏通不好的氣，我覺得好非常多了。」一小時後，他的感冒症狀紓緩不少，整個人看起來好很多。

感動：捕蛇人・用生命信守對自己的承諾

旅程接近尾聲，我們返回臺北。

回臺北的第一件事，就是帶馬克到華西街，看早期風化區、蛇店，體驗蛇湯，這是我對他的承諾。通常制式行程，因為種種顧慮，會避開這些。

「作為一個記者，不是在別人幫我設定的範圍內觀察，應該主動挖掘真實生活的靈魂，參與在地人的生活。」馬克嚴肅地說。回到歐洲後，他也為華西街寫了一篇動人的故事。

我們慢慢走入華西街參觀蛇店，「這工作這麼辛苦，為什麼還要繼續？」看著店主人不斷揮舞毒蛇，馬克想試著瞭解；但他決定先不透露記者身分，用觀光客的角度觀察。於是，他直入店內，打算坐下來喝碗蛇湯後，再訪談。

馬克吃了蛇肉，連蛇湯、蛇血也一一品嘗；我從未、也不敢嘗試蛇湯，但禁不住他的慫恿。「慕瑾，至少試試蛇湯，這真是好東西。這跟妳之前要我嘗試臭豆腐有什麼不同呢？為什麼不能試圖從理解別人開始呢？」這是我的初體驗，鼓起勇氣，我也喝了蛇肉湯，發現並沒有蛇腥味，就像在喝清湯，反倒是蛇肉的口感介於雞肉與魚肉之間，完全超乎我的想像。隨後，透過我的翻譯，馬克訪問了高壯的蛇店老闆；年逾六十五的店主人，從小因為抓蛇，失去了兩根手指頭。現在後繼無人，加上環保意識抬頭，愈來愈少人願意從事這行業。

「這是我對自己的承諾，既然選擇做這一行，我就會做到最後一天，就算沒有人願意繼承。」蛇店老闆說。

「他用他的生命從事這份工作，不只是熱情，甚至可能因此喪命。我們要敬佩他，這工作無法賺多少錢，他卻接受命運安排，走在這樣的人生道路上。」馬克深深被感動，不停地跟我分享內心感受。

我帶過許多國外記者參訪臺灣，就數馬克最願意敞開心門，跟人對話，跟在地人有最多的互動。「我們這次的相遇是有意義的，希望我們以後還能挖掘更多甘草人物。妳很真誠地帶我認識臺灣，而不是想特別呈現什麼給我，讓我能無礙地認識這裡，讓我看到一個不虛假的臺灣。」搭機離開臺灣前，馬克給我一個大擁抱。

我知道，天涯海角，又多了一個談得來的好朋友。馬克和我各自在地球飛來飛去的歲月裡，我們持續分享旅程中所遇見的人與風景，他總是在某一個國度捎來一封電子郵件：「我知道妳在某一處跟我一樣體驗生命、享受旅行！」

行程最亮點——
臺南／四草綠色隧道

位於臺南的四草，可從大眾廟處下水遊憩，搭乘竹筏，有專人解說。這裡有相當豐富的沙洲、濕地生態景觀，除了冬天可見大批黑面琵鷺來訪外，最有看頭的莫過於四草大眾廟旁的綠色隧道，乘著竹筏悠遊綠色水道，兩旁海茄苳、土沉香、水筆仔等多種類的紅樹林夾道，更有水鳥保護區，樹林、倒影與灑落下的光影，景色絕美。

住宿最亮點——
澎湖／海藍藍澎湖民宿

澎湖縣馬公市西衛里83-50號
電話：06-926-5500

一群熱愛澎湖的好朋友，在西衛海打造出五棟屬於自己風格的房子；五棟房子、五個顏色、五種風格，但都以相同的「海」字命名。

懷古最亮點——

澎湖／二崁聚落保存區

二崁聚落位在跨海大橋的另一頭，屬於西嶼鄉，處處可見石磚紅瓦建造的房舍，腳下的是石磚。

居民依然在建築、飲食、生活上，持續維持傳統風情，彷若讓人回到過去。

東德記者八天七夜行程

day 1 臺北（市區遊、臺北戲棚傳統戲曲欣賞），夜宿：八方美學設計旅店

day 2 臺北（當代藝術館、臺北 101）→饒河夜市及 China Pa

day 3 嘉義新港媽祖遶境（請參考大甲媽祖遶境路線）→鹿港老街巡禮→臺中精明一街夜遊，夜宿：The One

day 4 臺南（孔廟、赤崁樓、安平老街、四草大衆廟竹筏之旅）

day 5 嘉義布袋漁港搭船至澎湖→桶盤潛水，夜宿：海藍藍民宿

day 6 澎湖（馬公老街、外婆的澎湖灣、天后宮、小門鯨魚洞、西嶼西臺）

day 7 跨海大橋、二崁古厝、海藍藍民宿跟主人學做菜

day 8 澎湖傳統醫療體驗→臺北腳底按摩體驗，夜宿：Hotel Quote 時尚旅店

亞熱帶的遠方呼喚：島嶼・美食・多元底蘊——芬蘭旅人的臺灣驚豔

有「千湖之國」美譽的芬蘭位處遙遠的北歐，土地是臺灣的十倍大，人口僅僅臺灣十分之一。身處高緯度的高度發展國家，少有芬蘭人來臺旅遊，而多數臺灣人對於芬蘭的印象，不外乎教育世界第一，社會福利、生活品質佳、擁有豐富的自然資源。二〇一五年四月，我有機會帶領一團芬蘭旅人，他們各個身材高大，但言行舉止細膩體貼，我從他們身上也學到「跟自然和諧相處」及「旅行的文明」。這群芬蘭朋友被多元底蘊的島嶼深深吸引、用敬畏的心，吸取心中嚮往的臺灣驚豔。

臺灣是他們亞洲行程的一部分。從遙遠的北國來到亞洲，他們先去上海旅遊四天，接下來在臺灣待六天，最後去香港玩兩天才回芬蘭。臺灣可說是他們這趟亞洲行的重點，我很好奇，為什麼選擇臺灣？

答案是，「一來臺灣是島嶼，二來聽說多元化是臺灣的特色。」

這團人總共十人，除了二十五歲通英文的領隊外，有兩對夫妻、兩名聽障女生加一名口譯員和兩名單身男子。特別值得一提是，芬蘭果然不愧為社會福利制度完善的國家，連聽障者的旅遊權益政府都會照顧，如果有遠行需求，政府會配置口譯員隨行，費用由政府補貼支付。

不過，這團人的飲食需求相當複雜。其中一位對花生及其相關製品過敏；一位對甲殼類、海鮮過敏，也對各色甜椒過敏；也有人對蛋過敏，而領隊則是不吃海鮮，但可吃魚，不吃雞肉、紅肉，但可吃鴨肉；聽障女生以及口譯員則不吃豬肉，偏好蔬食。

這些飲食禁忌乍聽之下令人頭痛，可選擇的食物似乎所剩不多，要找到符合他們個別飲食禁忌的餐廳、又有臺灣特色的食物，對於在地導遊真的是一大考驗。一般旅行社會覺得這樣的團體很麻煩，因為只要安排的食物一有閃失，可能導致過敏休克等危險，後果不堪設想。不過對於制式餐飲行程安排興趣缺缺的我，這類有些困難度的團體反倒吸引力十足！

我記得在車上，他們問我的第一個問題：什麼是臺灣菜？我說，臺灣由很多族群融合組成，有本省、客家或外省人，大家在不同時期來到臺灣，慢慢發展出混合且多元的料理方式，所以臺灣菜很複雜、多元。這個答案其實也是我在思考整個行程餐廳選擇時的核心。他們可能這一輩子只來臺灣一次，如何讓他們認識全方位臺灣料理呢？我希望能讓他們在這趟旅程中，有機會體驗到臺式傳統料理、外省料理、原住民料理、客家料理以及無菜單創作料理等多元飲食。

優雅的飲食禁忌

抵達臺北當晚，我帶他們去吃晚餐。第一個考驗上場，我萬萬沒想到，他們吃完第一餐之後，竟然滿意到直說：「這或許不是最好的餐廳，但每一道菜都有一定的水準，光這餐就打敗之前在上海所有的餐廳料理。」北歐維京人的表達很直接，他們不會多說一句稱讚，也不會少說一句抱怨。這時我跟他們見面才不到三小時呢。

哪家餐廳這麼厲害？謎底揭曉，臺北陶然亭，吃北平烤鴨及桌菜。首先登場的是店家招牌烤鴨三吃：鴨肉炒銀芽、蔥燒鴨肉、鴨皮捲餅。另外我也點了京都排骨、幾盤炒青菜。他們很高興有機會品嘗各種蔬菜料理，也讚嘆臺灣怎麼會有這麼多種蔬菜，「這些蔬菜都是綠色的，可是料理方式都不同。」團員不約而同表示。他們最佩服臺灣人很會配料，每一道蔬菜都可以創造出不同的味覺，有的加豆豉、有的加薑，配筍絲炒，或蒜炒，非常多元。

相較於在上海，他們覺得每道菜的味道都一樣。

「原來臺灣人料理這麼多元，就跟你們的宗教一樣，各種信仰都可以互相融合。」這是我後來帶他們去看廟宇時，他們跟我分享的。

另一道則是「松柏長青」，裡頭有豆干、高麗菜絲、筍絲，做成涼拌菜，通常會放花生，但我事先跟廚師交代拿掉花生。

對花生過敏的那位男生看著那盤菜，和顏悅色問我：「我相信妳已經跟廚師交待過，但我仍想請問，這裡面有什麼是我不能吃的嗎？」當下我頗感震驚，因為他覺得自己有責任為自己負責，而非我們該特別照料他的飲食需求。

對蛋過敏的那位女生看到服務生送來一盤蛋炒飯，則說：「沒關係，不用特別顧慮我，請給我白飯即可。」

原本以為料理他們的三餐肯定很麻煩，但似乎比我帶過的其他團處理起來還簡單，因為他們認為這些飲食習慣是自己要負責的，而非只要求導遊。果然是來自高度文明的國家，旅遊禮儀令人印象深刻。

這也讓我想到一位領隊朋友最近帶臺灣人出國旅遊的故事。團員中有人事先表明不吃海鮮，結果用餐時上了一盤龍蝦，這幾人看到其他人大快朵頤吃著龍蝦竟然當場發飆，反問領隊為什麼自己沒有龍蝦？領隊當下不解地問，你們不是說不吃海鮮嗎？團員竟理直氣壯地回，龍蝦不是海鮮，我們要吃！當下令人傻眼。

連宗教信仰都很多元

用完在臺第一餐後，我們到饒河夜市逛逛，光是在慈祐宮，就待上一小時。因為早期移民社會的緣故，百姓生活圍繞著廟宇，形成聚落；而廟宇香火鼎盛後，又會聚集攤販，販售吃食給香客、遊客，形成集市，因此臺灣較有歷史的夜市旁，都一定有座廟宇。

外國人最好奇的事 ／ 路旁一閃一閃的是什麼？

很多國外旅人在旅途中，常看到臺灣的公路上，每隔一段距離就有螢光燈一閃一閃。他們很好奇，有人以為是交通號誌，擔心交通狀況，還會特別提醒我。我往外頭一看，差點笑出來。原來他們指的是檳榔攤外的閃燈，我只好跟他們解釋這是檳榔攤為了招攬生意，小小的透明玻璃屋內，坐著檳榔西施，這是臺灣特有的地方文化。

「記得，走進廟宇時，要從右邊（龍門）進，從左邊（虎口）出。」我特別轉身提醒他們進廟看廟的習俗，看得出來他們對廟宇充滿興趣。進入大殿後我開始介紹，在臺灣，道教與佛教經常混在一起，不論佛道都會拿香拜拜。

「為什麼要有香？」團員好奇。

「香代表與神溝通的工具，當香煙裊裊，表示正在傳遞訊息給神明。」我順便解釋擲筊、抽籤。我們相信神明會給你三次機會，你要很誠懇，先問這籤是不是你要抽的，一陽一陰（一平一凸）：稱之為「聖杯」、「允杯」表示神明說這就給你的籤。兩陽面（兩平面）是「笑杯」，表示神明笑笑，不表示意見，可以重新再擲筊請示，或再次說清楚所求。兩陰面（兩凸面）：稱之為「無杯」表示神明不認同，可以重新再擲筊請示。

「好有意思喔。」團員嘖嘖稱奇。

廟內供桌上擺滿各式餅乾蔬果，他們又開始發問。

「桌上的餅乾蔬果是給誰吃的？」

「給神明吃的。」我說。

「怎麼吃呢？」芬蘭人果然實事求是，非問個水落石出。我只好回答，我們從小聽長輩說神明自然會去吃，所以有些人會買自己喜歡吃的食物，祭拜後帶回被神明品嘗過的供品自家享用象徵沾了神明保佑；有些供品會留在原處，如果

代表直接和神靈溝通的香爐與筊。

供花通常不會帶走，「供花跟水果，代表因跟果，我們相信因果報應，所以希望能有個好因好果……」

看到廟裡有眾多神明，我告訴他們，不同神明各司其職，例如武裝扮相的關公是武神也是商業之神，商家通常會拜關公；想求子的拜註生娘娘，想求取功名就要拜文昌帝君；想祛除疾病，通常會拜華佗或保生大帝。媽祖、觀音、佛祖都是臺灣很重要的信仰，臺灣人認為有拜有保庇，每尊神明都會盡量拜。

說著說著，團員忽然被眼前的景象吸引，原來是燒金紙。

通常臺灣人會燒紙錢或燒紙紮的車子、房子等給往生者，讓往生者跟在人間一樣富足、無所缺。一般來說，「金紙」是燒給神明或作為祈福之用，黏銀箔的「銀紙」則是燒給祖先或者無主孤魂。

「這錢平常能用嗎？」他們問。

「當然不能用，只能拿來燒掉。」我趕緊說明，這時突然有個團員很認真地看著金爐，從身上掏出芬蘭紙鈔，丟進金爐燒掉。這實在很妙，我想，這是他的一份心意吧。

那天，饒河夜市人潮特別多，擠得水洩不通，有些攤位前長長的人龍排著隊。我跟他們解釋，這是臺灣特有的排隊文化，人龍愈長，表示這攤販愈知名或特別好吃。

「是不是只賣這個地方特有的食物呢？」團員問。

「不是，這裡是觀光夜市，會有來自各地的食物。」我也介紹饒河夜市幾攤知名的食物，包括藥燉排骨、胡椒餅、臭豆腐，以及一些異國料理等。

芬蘭人很守規矩，一個接著一個走，慢慢走過擁擠的夜市人潮。兩位聽障人士也樂在其中，邊觀察到臺灣人的生活脈動。

「我們非常珍惜這樣的熱鬧，這是很新鮮的經驗，看到臺灣人會一起分享食物，這裡吃吃、那裡吃吃，很有趣。」她們透過口譯員表示。

「這樣才能吃到更多食物呀。」我哈哈笑。

「真是太聰明了。」她們也笑開懷。

在天地間體驗當下的美好

結束臺北行程，我們轉往東海岸。

這幾天天候狀況並不好，往宜蘭、花蓮太魯閣等地旅遊，行程經常調整，遇上豪雨時，戶外行程得被迫取消，也因為這樣，讓我看到芬蘭人的素養。他們非常順應大自然，認為出來旅行，包括心情都是要由自己負責，而非他人，不論晴雨，都要感謝與欣賞。

我們抵達太魯閣後，遇到瞬間暴雨，原定要走的砂卡噹步道臨時封閉，我請他們一起討論更改的行程，沒想到他們非常尊重我，因為他們認為：「妳一定幫我們思考過最好的決定了。下雨也沒關係，老天爺就是想要我們回飯店休息一下。」這十人團，彼此並不熟卻從未抱怨，完全信任我的所有安排。

我先讓他們到布洛灣山月邨休息。團員們放好行李後雨停了，大家隨意到處走走，或坐在小木屋門口的小椅子上靜觀山景，晚上用餐後欣賞原住民歌舞表

上／石梯坪。
下／稻田連接海洋的景緻。

演，怡然自得。隔天他們跟我說，昨晚聽到至少五、六種鳥鳴蛙叫，今早看到十多種蝴蝶，紛紛跟我分享這裡的生態景緻。看得出來，他們對臺灣生態很感興趣，這是他們一路上最享受的。

「山上有沒有瀕臨絕種的動物？」三個團員問我。

「有，臺灣黑熊。」我說。

我順帶提到，臺灣自然生態豐富，光是蝴蝶至少有四百多種，蕨類五百多種，其中一種，我指著鳥巢蕨對他們說，就是我們吃過的炒山蘇。然後指指另一頭的筆筒樹，對他們說這也是蕨類，不是大樹。因為臺灣位居亞熱帶和熱帶，當我們走到中高海拔時，會看到很多熱帶與亞熱帶的植物共生。

「太奇特、太有意思了。」團員們發出驚嘆聲。他們覺得臺灣很奇特，連忙問我現在身處亞熱帶還是熱帶。

「現在是亞熱帶，等我們通過北回歸線，進入熱帶時，我會通知你們。」我笑著說。

旅行文明升起中……

臺灣的便利商店，是他們每日必到之處。便利商店的服務和環境舒適，他們每天買臺灣的水果、咖啡、御飯糰，那位年輕領隊則喜歡買關東煮和涼麵。這天，我們在臺東成功的便利商店買晚餐。我因感冒失聲，一個人靜靜在店內走著，這時店長突然跑到我面前說：「妳一定是導遊，我想請妳喝咖啡。」

一時間我還沒會意過來，愣了半晌後才明白，店長想必是來向我致意的。

這家便利商店的店長成天接待各國觀光客，他發現這團芬蘭人很不一樣。進入店內後，他們各自挑選物品，不會彼此打擾、互相尊重；即使聽障者也沒請口譯員幫忙買東西，而是自己拿小紙條寫上簡單英文詢問店員，或是寫字條問其他人東西在哪。她們不因為自己是聽障，要求更多服務或權益；也不會爭先恐後結帳，而是規規矩矩排隊，甚至擔心打擾他人，而刻意拉開距離。

用心聆聽．自然．擲地有聲

來到臺東入住知本老爺飯店，泡湯是重頭戲之一。他們各個躍躍欲試，對泡湯充滿期待，也認真詢問泡湯禮儀，要帶什麼、頭髮如何處理等。他們特別想體驗與大自然合一的露天泡湯滋味。

兩位聽障者雖然聽不到大自然的聲音，但內心擲地有聲，且個性溫暖，每天透過口譯員關心我：「昨晚沒有看到妳，妳住在哪裡？」「睡得好嗎？」「會跟我們一起泡溫泉？」充滿陽光般的笑容令人暖心。泡湯這天，雖然我感冒還沒好，仍回答沒問題，跟女生們一起泡。

無巧不巧，天空開始飄下雨絲，我擔心如何繼續在戶外泡湯，沒想到他們覺得這樣也很好，因為「下雨可以讓溫度降低，不論晴天或雨天都很美好。」

坐在湯池內，聽障者女孩問我有沒有聽到什麼聲音？

「安靜下來，可以聽到各種聲音。用心聆聽，妳有沒有把大自然的風以及大自然的雨融入自己，有沒有覺得整個人已經安靜下來呢？我每天在家都可以桑拿，

上／布洛灣山月邨晨起的雲霧繚繞。
下／東海岸撿拾海菜的婦女形成一幅美麗的生活風景。

卻無法以這種方式泡湯，透過與大自然結合，讓身心放鬆。」她透過口譯員跟我溝通，眼神溫和。

「明天可以再泡嗎？」她問我。

「可以。對了，妳們可以冷熱池交替泡。」我提醒。

「一冷一熱，這很好，很像人生呢。」她回了我一個燦爛笑容。

這時有其他遊客準備入池，她們一看到，就自動讓出空間或移往另外一個池，不會獨占，她們認為每個人都享有同等的泡湯權利。

當下我除了感覺溫暖，更深深體會到，這群芬蘭旅人的言行舉止充滿對人與自然的尊重。

我也觀察到，吃飯店自助餐時，芬蘭人沒有將之視為吃到飽，而是視為提供多種食物，讓不吃某種食物的人可以選擇其他食物的方便。他們取菜優雅，不會把食物堆疊得高高、滿滿的，也不會貼著人站著，因為他們認為這是你的空間。這樣的旅行，我看著舒心。

海洋子民·尋寶魚市場

屏東東港是一個很傳統的鄉鎮，這裡最知名的是每三年一次的王船祭。許多人不知道，其實，華僑漁市也很有特色。這裡每天下午一點開市，進行漁獲拍賣，可讓民眾現場挑選新鮮漁獲，買了之後交給攤位店家料理，現做現吃，因此我特地帶他們來體會一下另一種臺灣飲食滋味。

芬蘭人一出現在東港鎮上時，身高超過一八〇公分的身材，立刻引起眾人矚目，紛紛湊過來或詢問聊天，或提供試吃，好不熱情。

各種魚類製品中，最令他們感興趣的是魚鬆。「有沒有發現，吃早餐時，臺灣人喜歡在稀飯上放一些東西，就是魚鬆或肉鬆。」我邊說邊帶他們去看如何把魚做成魚鬆。

眾所皆知東港有三寶：油魚子、櫻花蝦、黑鮪魚，每年三到六月，鬼頭刀魚會出現在東港海域，黑鮪魚則會追逐鬼頭刀魚蹤跡，當鬼頭刀魚群一出現，表示黑鮪魚的汛期也到了，漁民們會把握這段時間出海捕魚；也因為臺灣的海域特殊，像是旗魚、鬼頭刀魚、野生石斑、油魚子等，他們在北歐都沒見過。

逛魚市場，吃魚料理，讓他們感受非常深刻。團員紛紛表示，在北歐都是吃一塊塊切好的魚排，臺灣則很多樣，像是臺灣人喜歡吃魚頭，可以紅燒和煮魚湯；連魚尾巴、魚身都有不同的烹煮方式，煎、紅燒、炒、炸、岩燒、燉等，真的大開眼界。

攤販們很熱情，請他們試吃生魚片，他們不太習慣吃生魚片，不過對嗆辣的芥末沾醬倒是很感興趣。此外，他們對烏魚子、油魚子（顏色較淡）也很感興趣，本來還想買需要冷藏的蝦米帶回芬蘭，但因為接下來還有很多天的旅程，只好作罷。

臺東成功鎮上的海鮮料理讓人食指大動。

熱帶境內・珍珠奶茶冰涼出場

南部天氣熱，我想讓團員們消暑一下，於是對大家說，有沒有感覺我們正處於熱帶，已經過了北回歸線了。接著，我帶他們體驗臺灣的珍珠奶茶，還有半糖、去冰、少冰這些特殊的個人化服務。我在旁邊陪同，他們輪流點。東港人很少見到這麼大陣仗的外國人，飲料店的圍觀民眾興奮到不行。

點飲料時，他們通通要波霸珍珠加鮮奶，還問說臺灣人平時怎麼喝的。當他們看到我喝熱飲時，露出詫異表情，直問為什麼。我說因為感冒不能喝冰的，這觀念他們似乎無法理解。我只好說，這是東方人的養生，感冒時不要吃冰，以免刺激喉嚨。

「所有的人都願意體驗！」愛喝珍珠奶茶的領隊很開心，說這些團員們都有點年紀了，竟然願意在街頭嘗試完全陌生的飲品，且多數人都還滿喜歡珍珠的嚼勁，還有人說，「吃完有嚼勁的珍珠，感覺走起路來格外有勁。」

初嘗創作料理．吃出在地生活滋味

在屏東這天，我們前往一家很特別的餐廳午餐，體驗在地創作料理。

福灣莊園所在地原本是魚塭，隨著漁業漸漸沒落，兩個兄弟把這塊父親的地，用生態工法改建成綠建築，甚至讓土地休養五年，讓樹慢慢長大。數年後，魚塭搖身一變，成了餐廳和莊園（Villa 度假別墅）。這裡曾被票選為臺灣十大最值得一訪的料理店。

芬蘭人相當肯定這座餐廳莊園，充分維持當地自然生態，懂得尊敬土地的思維，以及具體實現慢生活的概念。

在福灣莊園，芬蘭人首度體驗什麼是無菜單料理，一開始他們摸不著頭緒無菜單到底是什麼？「用在地當令的食材，結合不同的料理方式，體驗主人認為最好且充滿創意的料理。」我邊解釋，邊要他們好好享受接下來的佳餚。

事前訂餐時，我特地用傳真及電話提醒餐廳：不要用花生油、不要有紅肉、甲殼類、避免所有甜椒以及任何堅果，沙拉內的魚卵請拿掉、建議給不吃海鮮及對海鮮過敏的客人蔬菜湯，巧克力招待請改成地方甜點。即使如此，我在現場仍不斷跟餐廳做最後確認。

這團的特殊飲食對於使用無菜單料理的廚師，算是一大考驗，廚師既要維持在地當令的精神，使用當季食材，還得考量不同團員的飲食禁忌，然後進行料理創作。

前前後後我們改了三次菜單，最後擬出：

- 前菜是結合中式與西式的拼盤，有燻雞、鴨胸、秋刀魚、和風沙拉。
- 梅汁山藥。
- 梅子藕香筍，用梅汁調味，還能吃到藕絲。
- 炙燒章魚焦化鼠尾草南瓜濃湯，堪稱一道中西結合的湯品。
- 桔燒龍鱈魚，這是當地的魚。
- 摩卡豬排。

- 牛蒡野菇飯。
- 味噌洋蔥鮪魚湯。

飽餐一頓後，團員們直說驚豔。這餐他們感覺到臺灣人懂得創新，透過不同食材的組合、自然調味及混搭中西料理，帶出食物特有的味道，且搭配使用西式餐具擺盤，讓這頓臺灣料理，饒富中西合璧的趣味。餐後，團員們還特別走去位在餐廳旁的園區生態池，對於餐廳用心經營相當肯定，整體印象相當深刻。

票選第一名的餐廳是……

行程即將進入尾聲，一行人回到臺北，在臺北一〇一品嘗揚名海外的鼎泰豐。

很巧的是，鼎泰豐剛好有一位來自芬蘭年約三十歲的男實習生，已經在臺生活七年，中文說得非常流利。他鄉遇故知，也讓芬蘭人這餐吃得特別高興。這位實習生說他在臺灣認識到多元的飲食文化，芬蘭團員紛紛點頭表示贊同。

這是我跟團員們共處的最後一餐，他們邀請我一起用餐，同時也把握機會問我各種問題。包括小籠包到底有幾摺、餡料多厲害，湯包內為什麼有湯，該怎麼吃。

於是我先示範：先咬一口，吸湯汁，再一口吃下整顆小籠包。我建議他們先吃原味，因為廚師認為餡料調味剛剛好，我個人則喜歡再配薑絲沾黑醋，可降低油膩感。他們依樣畫葫蘆一點一滴品嘗：先咬一口，吸湯汁，吃得很開心。

吃餃子時，他們更是大開眼界，「光是鍋貼餃子變化就這麼多，每個都非常好吃，太精采了。」作法形式不同，可以變化出湯包、鍋貼、蒸餃等，因為貼在鍋邊煎所以叫鍋貼，會溢出湯汁來，表示這鍋貼做得好。團員中有幾位不吃豬肉的人特別喜歡吃素蒸餃，覺得可以嘗到蔬菜原味及麵粉的麥香。

我也發現他們很喜歡吃餛飩，「因為麵皮滑溜，醬料調得風味十足。」他們還問我桌上的調味料怎麼用。我教他們如果是乾的餛飩，可以用醬汁調成紅油抄手，又變出另外一種風味。

我深知老外口味，還幫他們點了蔥油餅，讓他們吃得眼睛發亮，直說好吃；我加點了牛肉麵，並解釋光是麵，就有冷麵、炒麵、湯麵、乾麵，湯頭也不同，麵的味道也不同，加上又有分寬麵、細麵、拉麵等，可搭配不同湯頭或料理方式。我記得，那次我點了十五道菜。

團員們訝異於我怎麼知道這麼多，不斷稱讚我。「因為我本身愛吃，才能跟你們說這麼多。」我從實招來。

他們說，在鼎泰豐的每一道菜都可以看到廚師的功夫，也感受到鼎泰豐不論服務品質、供餐過程、廚師訓練等等，都相當優秀，因此他們一致票選通過，這是六天中第一名的料理。

跟Finnish（芬蘭人）Finish（完成）美好的旅行

離別時刻即將到來，當晚他們就要搭機離開臺灣，前往香港。如果旅遊有所謂高度文明的禮儀舉止（Manner），我從這群人身上真正見識到了。我深深感受到他們對人的尊重，不論對領隊司機導遊，他們完全沒有差別心，沒讓司機搬過一次行李，我調整景點或分配房間也未有過異議，非常尊重。我告訴他們，這六天來的相處，我就像多讀了十本書，給了我很多啟發。

兩位聽障者女孩問我，願不願意到芬蘭旅遊？「如果有一天妳來芬蘭，請妳一定要來拜訪我們，因為妳，我們才能認識多元豐富的臺灣，我們也想帶妳認識芬蘭。」聽障女孩感性說著。

「相對於在上海只體驗到某個區域，跟人的互動比較沒這麼多，在臺灣我們能跟在地人直接接觸及對話，擁有許多難忘的經驗，真的謝謝妳。」團員們紛紛給我深情的擁抱。

送別他們時，我內心的感動難以言喻。從陌生人到真心與真情的交流，這群Finnish（英文發音與Finish「完成」一樣）讓我見識到來自高度文明國度的旅行者視野及風度，這是一趟充滿光與熱的學習之旅。

清晨微光間的孔廟

住宿最亮點——

花蓮／立德布洛灣山月邨

花蓮縣秀林鄉富世村 231-1 號

電話：03-861-0111　傳真：03-861-0191

坐落太魯閣內的布洛灣山月邨，環繞在青翠山林之中，每個房間都由原木打造，小木屋內兩張大床，內部也全部使用木頭，完全符合北歐人喜歡取之於自然，與大自然結合一起的氛圍。

另外也推薦布洛灣的太魯閣族風味特色餐：當山豬遇到艾菲鐵塔（When wild boar meet the Effiel Tower）。

美味最亮點——

屏東／福灣莊園創作料理

屏東縣東港鎮大鵬路 100 號

電話：08-832-0888

福灣專做在地創作料理，曾被票選為臺灣十大最值得去的料理店。這裡的料理有中西式，擺盤精緻，料理絕不馬虎。但都是無菜單預約制，因為是「看天吃飯」，老天爺給什麼就吃什麼。饕客必須事先預約，讓主廚針對當天最新鮮的食材自由創作，適合款待為美食遠道而來的朋友。

芬蘭團六天五夜海洋臺灣之旅行程

day 1 中正紀念堂→饒河夜市

day 2 蘇花公路清水斷崖→太魯閣國家公園，夜宿：布洛灣

day 3 臺灣東海岸（芭崎瞭望臺、石梯坪、三仙臺、北回歸線），夜宿：知本老爺

day 4 知本→南迴公路→東港華僑漁市→佛光山→臺南

day 5 臺南古都之旅（赤崁樓、孔廟）→高鐵→臺北 101

day 6 中午搭機離開

外國旅人

遇見

臺灣鷺鷥

「No Photo」，用心停看聽
擁抱自然、尋訪歷史足跡的英式旅行風

在我帶過的外國旅人中，來自英國的鮑爾夫妻令我印象格外深刻。這對專攻國際法的夫妻在英國各自經營律師事務所，用法律人追求精確的態度規劃行程，來臺前就已閱讀大量關於臺灣的資料，最主要是參考一本由 Bradt travel guides 出版的臺灣旅遊書。他們熱愛大自然，絕對不想錯過臺灣多樣化的自然生態；而與其他旅人最大的不同是，他們想親眼看看那些在臺灣與英國有關的歷史遺跡，有些地方甚至連我都不知道呢。

「能看到，就是最大的幸福。」他們不帶相機、不用手機拍照，只用眼睛、用心，透過閱讀，透過自己的體驗，記住在臺灣的每一個感動剎那。

英國琴湯尼（Gin Tonic）遇上臺灣咖啡

與旅行團的趕行程不同，這對夫妻在旅程中，享受每一個當下。

難得逃離高壓的工作，為了能徹底放鬆與維持良好體力，他們指定住進有泳池的五星級飯店，以方便維持晨泳習慣；此外，每晚更要來杯琴湯尼（Gin Tonic，以琴酒、通寧水與檸檬片調製的調酒），讓身心全然放鬆，充分享受假期。

在我得知他們兩人都非常喜愛閱讀後，我也順勢分享一本天下雜誌出版、中英對照的《臺灣．一個驚喜》，讓他們閱讀臺灣精緻人文的面向。

律師夫妻每天早上除了游泳，一杯濃醇咖啡更是不可或缺，來到臺灣，當然也想品嘗在地咖啡。篩選相關資料後，他們沒選較為知名的雲林古坑，反而指定拜訪位在臺南東山鄉的咖啡公路，讓人好生意外。

「臺灣很有趣，雖然位於東方，愛喝咖啡的人卻比愛喝茶的人多。」他們觀察到臺灣的這個特殊現象。

英國夫妻不僅知道東山咖啡有別於古坑咖啡，也知道東山山區內各種自然生態豐富，有很多臺灣珍稀鳥種、蝴蝶；果然，他倆不疾不徐、有備而來地從背包裡拿出望遠鏡。透過鏡頭，他們看到罕見的五色鳥、八色鳥、樹蛙還有各種蝴蝶，興高采烈地與我分享。

咀嚼之間．撲鼻而來的臺灣味

離開咖啡公路，我們轉往芒果故鄉——臺南玉井。來到芒果的故鄉當然要大快朵頤一番，這裡盛產的芒果香又甜，果農將芒果製成芒果乾、情人果等，在試吃過程中發現，他倆非常喜歡情人果，因為「酸甜滋味及嚼勁，跟一般果乾不同」。

接著我們去拜訪蓮花之鄉——臺南白河，會選擇白河主要是想看那一望無際的蓮花田，可惜花季接近尾聲，僅剩些殘葉；不過，夫妻倆仍興致勃勃，尤其是香水蓮花的香氣，最令他們驚豔。他倆還採買了蓮藕粉，試吃了蓮子做的甜點，好好享受了一番白河的蓮花盛名。

在臺南，除了浸淫在咖啡香、芒果香、蓮花香中，夫妻倆也拜訪了臺南安平樹屋、英商德記洋行、安平老街。

安平樹屋旁一整排兩層樓白色建築，建築物的三面採拱廊設計，二樓的拱廊多加了綠釉瓶飾欄杆，充滿西式古意，這是英商德記洋行，目前是三級古蹟。

「當年英國人試圖在這裡賣鴉片以換取臺灣的樟腦與茶，對吧？」喜歡探訪英國歷史痕跡的夫妻倆，抬頭望向德記洋行一眼後轉頭看我，笑著說。歷史過去了，還留在現場的我們，不抽鴉片，要去品嘗臺南在地小吃。

之後，我帶他們在安平老街上走走逛逛，他倆竟然愛上蝦餅和蜜餞，他們說：「這裡的蝦餅跟其他地方不太一樣，不像油炸，像是放點油烘烤過，很香很好吃！」

柑仔店的通寧水

離開臺南，我們轉往下個目的地，鹿港。

旅程中，這對夫妻在車上不太說話，總是各自看書；他們也不太需要我解說，因為他們認為我應該帶著他們體驗，而不是說著書裡的故事。

偶爾，在車上夫妻倆會跟我聊天，分享彼此的旅遊經驗，例如我提到喜歡爬山，他們會建議我可到哪個國家爬什麼山；其中太太來自威爾斯，有一天我在車上放著湯姆・瓊斯（Tom Jones，出身英國威爾斯）的老歌，她就立刻跟我說，往後只要看到姓氏是Jones，通常就是威爾斯人。就在車程中，我也瞭解了英倫文化中的一點小常識。

在往鹿港的途中，發生一件特別的事。

每晚都要喝杯調酒舒緩身心的他們，突然驚覺好不容易在花蓮家樂福買到的通寧水竟然用完了，緊張地在鹿港鎮上連問幾家便利商店都沒賣；就在快要放棄時，經過一家柑仔店，鹿港小鎮上的傳統雜貨店，會賣通寧水嗎？

出乎意料，老闆說：有。鹿港小鎮上的柑仔店居然有在賣通寧水！這個消息令人喜出望外，怕之後買不到，他們倆乾脆買了一大箱，就當先囤貨囉。

我們總算放下心，繼續逛鹿港老街，此時街頭出現炸地瓜，黃色地瓜裹著梅粉，香味從一家雞排攤傳出，他們倆跟著我買來吃，也是所有外國旅人中唯一嘗試過的。「鬆軟的地瓜口感真好。」兩夫妻吃得很開心，順便也買了一份雞排，才吃沒幾口竟然豎起大拇指：「臺灣的雞肉肉質真嫩，調味後油炸非常美味！這些比飯店的套餐有意思多了。」

我帶著他們在老街吃麵茶，「試試這個吧。」他們的反應很直接。「茶，這不是吧？這根本像一餐飯了！」他們覺得麵茶濃稠多料，足以餵飽五臟廟，怎麼能說這是飲料呢。

走在頗具傳統風味的鹿港老街上，趁此機會，我跟他們分享鹿港的小吃文化，是源自這裡早期住著很多讀書人、有錢員外，讀書之餘邊泡茶邊吃些茶點甜食，好比鳳眼糕、綠豆糕等。

「為什麼這裡的巷弄特別彎曲狹窄呢？」喜歡人文的英國夫妻覺得這裡很有在地

風情，同時也觀察到特殊的鹿港巷弄，感到不解。

「鹿港靠海，每年東北季風來臨時，風勢較大，將巷弄設計成狹窄彎曲，風比較不會直接灌進家中。」我解釋著，跟著如織的遊人，我們慢慢離開鹿港這座小鎮。

停看聽・五感與自然共生

此行，喜愛大自然的英國夫妻當然不會錯過臺灣的淨土：東臺灣，我們來到花蓮玉里，準備走瓦拉米步道前段。

瓦拉米步道沿途沒有太多爬坡，算是一條滿好走的步道，從入口到佳心露營區這段路不須申請入山證，來回約兩個半小時，對觀光客或初學者來說，都是一條友善的步道。

瓦拉米是布農族語「蕨類」之意，可以想見，這裡一定有許多蕨類，既然適合蕨類生長，環境自然較陰濕；夏季漫步涼爽舒服，到了冬天，闊葉林樹葉慢慢地由綠轉黃轉紅，層層疊疊，色彩鮮豔。

順著瓦拉米步道，沿途風景奇特，可見古老的石橋、吊橋、峽谷，及兩層式的山風瀑布，多雨的季節來到瀑布下，可感受水流傾瀉而下，格外清爽舒暢。

真的要感謝國家公園多年來保育有成，步道沿途野生動物種類豐富，可看到臺灣獼猴，偶爾還會遇見山羌、水鹿以及長鬃山羊，更幸運的話，也可能會看到臺灣黑熊呢。

「先用耳朵聽……」夫妻倆教我豎起耳朵，仔細聽，聽鳥鳴……然後，張大眼

上／山風瀑布。
下／白河蓮花。

睛……沒想到，我們居然看到非常珍奇的臺灣特有鳥類，藍腹鷴！

從花蓮往臺東，驅車前往高雄茂林風景區，這裡也有豐富的動植物生態，以及峽谷、瀑布、高大的吊橋，可溯溪，更適合賞鳥、賞蝶。

這裡也是世界唯二的越冬型蝴蝶谷，每年十一月至隔年三月，大批紫斑蝶從東北部集體飛到溫暖的茂林過冬；很幸運地，這時正好是紫斑蝶到訪的季節，我們看到數千隻紫斑蝶在山谷中飛舞的壯觀景象。

當四周臺灣遊客人人拿出手機、相機拚命拍時，這對英國夫妻卻沒有拍任何一張，我感到不解。

「能看到，就是最大的幸福。」夫妻倆用簡單一句話，回應我的疑惑。從頭到尾，他倆就這麼靜靜待著觀察、欣賞，此時，蝴蝶在空中飛舞躍升的種種姿態，彷彿直接映照在他們的靈魂上。

打開眼睛與耳朵，走著走著，我們在步道旁不遠處的大樹上，又看到五、六種臺灣珍奇鳥類。靜下心，與大自然融合，她會給予你更豐盛的回饋，這是我在他們身上學到最重要的一課。

茂林因為多年前受到地震破壞，園區維護上有所不足，當我們走上賞蝶步道時，隨處可看到蜘蛛編織的大型蜘蛛網。顯然，當時少有遊客深入到此；看著這些擋路的蜘蛛網，我原本不太好意思，沒想到，善解人意的英國夫妻望了我一眼說：「蜘蛛也是一種生物啊，可以好好欣賞。」

從茂林繼續往南，我們來到臺灣最南端，屏東滿洲，一個非常值得推薦的景點，墾丁滿州南仁山生態保護區。這裡位處偏僻，罕為人知，離墾丁很近、卻是臺灣少數僅存的低海拔熱帶原始林，有著丘陵、山谷、溪流、沼澤、草原、山坡等多緣地貌。這對英國夫妻主動要求造訪此地，可見他們事前的準備功夫之深厚。

在單程四・三公里，往返八・六公里的路程中，第一段我們形容是蝴蝶走廊，步道兩旁多有林蔭，走起來很舒服，可以看到很多紅蜻蜓、蝴蝶夾道飛行、穿梭樹林竹林之間。第二段則是森林浴步道，這裡有一大片亞熱帶和暖溫帶常綠闊葉森林，兩旁濃密樹林，走在裡面大口深呼吸，就像洗了一場森林浴，通體舒暢。最後一段完全是臺灣少有的濕地，裡面沒有放任何木牌標誌，保育做得很好，沒有蚊蟲孳生，很多種蕨類在此共生，屬於南島自然生態樣貌。

外國旅人

遇見

臺灣驚豔

左／金樽漁港咖啡廳享受閒暇時光。
右上／涵碧樓前的日月潭。
右下／瓦拉米吊橋。

尋訪日不落國的臺灣足跡

旅程從南臺灣又繞回北部，回到臺北，準備拜訪跟英國歷史相關的史蹟。「我們想看英國人在各國留下的足跡。」夫妻倆的懷古之旅，從最具代表性的淡水紅毛城開始。

紅毛城最早是由西班牙人於一六二八年興建，一六四四年荷蘭人予以重建，一八六七至一九八〇年被英國政府長期租用作為領事館，夫妻倆緩緩踏著石階，走上這座一級古蹟，倚著紅磚牆，在紅毛城佇足良久。

循著歷史軌跡，夫妻倆還指定要去金瓜石，老實說，連我也不知道這裡曾經有段與英國相關的歷史。

二戰期間，日軍在此設立金瓜石戰俘營又稱「金瓜石米英捕虜勞役所」，其中關押了一千餘名以大英國協成員國為主的同盟國軍戰俘。日軍利用大批戰俘採礦，當時工作條件很差，這些戰俘不堪日軍的高壓管理，加上水土不服，不少人在此喪命，一直到一九四五年大戰結束，倖存的戰俘才紛紛被送回母國。

他們滔滔不絕跟我分享這段歷史，還娓娓道來大英帝國曾征戰哪些國家，聊起當年「日不落國」的封號，邊聊邊開玩笑跟我說：「英國人習慣掠奪，在各個國家都留下足跡，接下來我們要去參觀故宮，聽說裡面有大批寶物，不過，這些不是你們掠奪而來的。」

準備離開臺灣的前一天，夫妻倆在我的推薦下，去臺北北投拾米屋喝咖啡、泡溫泉、逛博物館。特別是離捷運站不遠的拾米屋，由米倉改建而成，挑高的工業化風格空間，讓人在喧囂的都市中，感受到靜謐的一瞬。只是，要享受那片刻的寧靜得先尋訪問道，拾米屋的入口較不起眼容易忽略，幸好他們沒有錯過午後在藝術氛圍中烘培出的醇香咖啡。

就在隔天我準備送機時，竟然換他們強力推薦我臺灣的景點，臺灣歷史博物館。

「那裡可看性很高，妳應該去那裡看看的。」他們不斷誇讚臺灣歷史博物館。

「真的嗎？」我其實有些心虛，身為臺北人卻不曾仔細去欣賞過。

「裡面的展覽很多元化，有許多古物，將臺灣的歷史呈現得非常完整，還展出介紹全臺灣的攝影展，太精采了，而且展覽上的英文說明很清楚，根本不需要英語導覽。」夫妻倆的眼神都亮了起來，彷彿他們挖到一個我所不知的寶庫。

「我們非常喜歡在那裡，感受臺北人的生活。」看完展覽，他倆從臺灣歷史博物館慢慢踱步到旁邊的二二八和平公園及周邊街道，東逛西逛，體驗臺北人的日常。

上飛機前，我們互相擁抱，他們把那本從英國帶來的臺灣旅遊書送給我，作為延續這份友誼的美好紀念。我知道，他們在書中找到黃金屋，帶著自己的觀點實地體驗，發現不一樣的臺灣。

上／香氣濃郁的咖啡。
下／令人垂涎欲滴的蛋糕。

景觀最亮點——

臺南／安平樹屋

臺南市安平區古堡街 108 號

電話：06-391-3901

入園須收費。

安平樹屋的古藤老樹年齡已經超過百歲，日治時期曾是「大日本鹽業株式會社」倉庫，戰後改為臺鹽倉庫，後來被廢棄，任由榕樹寄生，細密長條氣根紛紛垂落到地面，枝幹盤根錯節，歷經半世紀後，茂密枝幹盤據整座建築，形成老樹與老屋共生奇景，經常有許多鳥類飛來棲息。臺南市政府收回後，請建築專家設計，將樹屋重新打造成開放式景觀藝術，逐漸轉成公共藝術空間。

自然最亮點——

屏東／南仁山生態保護區

屏東縣滿州鄉八瑤路 2-1 號

電話：08-881-1095

南仁山生態保護區是一大片天然熱帶季風林雨林，是臺灣少數僅存的低海拔原始林，占地廣達五千八百公頃，有著多緣地貌。濕地內孕育著上千種植物與各種野生動物，每年十月會有大批灰面鷲飛到這裡過境。

為了讓生態完整保護，這裡每個月有休息時間，每日有參觀限額，須上網登記，入園不須費用，但有個條件，入園之前得先去墾丁國家管理處看影帶。

美味最亮點——

臺北／拾米屋

臺北市北投區大同街 153 號 1 號倉庫

電話：02-2892-2800

離捷運站不遠的咖啡店，由米倉改建而成，內部雖然沒有空調，仍吸引大批咖啡愛好者到訪。除了咖啡，其手工甜點也很有名。

懷古最亮點──

臺北／金瓜石戰俘營

新北市瑞芳區金瓜石祈堂路 40 號旁

又稱金瓜石米英捕虜勞役所，現改為國際終戰和平紀念園區。當時在戰俘營內最多關押了一千餘名二戰時期的戰俘，包括英國、加拿大、荷蘭、澳洲、紐西蘭、南非及美國等同盟國。這批盟軍戰俘在遭監禁時期的勞役工作即為採挖銅礦。

懷古最亮點──

高雄／打狗英國領事文化園區

高雄市鼓山區蓮海路 20 號

電話：07-525-0100

包含兩座建於一八七九年的英式建築及一條登山古道，領事館位於臺灣高雄港（清打狗港）口北岸的哨船頭碼頭邊，是當時英國政府於打狗掌理領事業務工作的重要據點。在臺灣目前現存的西式近代建築中，打狗英國領事館及官邸的年代最為久遠。

英國律師夫妻的二十天臺灣行程

day 1 到達臺北

day 2 臺北（中正紀念堂、保安宮、臺北101、士林夜市），夜宿：臺北遠東香格里拉

day 3 自由活動

day 4 臺北→太魯閣國家公園，夜宿：太魯閣晶英酒店

day 5 太魯閣國家公園

day 6 東海岸之旅（石梯坪、三仙臺、臺東成功漁港），夜宿：花蓮美崙

day 7 花蓮瓦拉米步道之旅→花蓮馬太鞍→七星潭黃昏散步

day 8 花蓮→合歡山石門山步道→清境農場→日月潭，夜宿：涵碧樓

day 9 日月潭環湖之旅→鹿港老街之旅

day 10 日月潭→阿里山森林遊樂區，夜宿：阿里山賓館

day 11 阿里山→臺南，夜宿：臺南香格里拉

day 12 臺南古都市區之旅

day 13 臺南→高雄（春秋閣、英國打狗領事館、旗津）

day 14 高雄茂林賞蝶→高雄愛河散步

day 15 高鐵回臺北

day 16 淡水→金瓜石→九份

day 17-19 自由活動（北投拾米屋、228紀念公園、臺灣歷史博物館）

day 20 啓程回英國

人情、手感、慢生活——

加拿大記者愛上臺灣的生活新美學

「在還沒來到臺灣之前，我以為這是一個未開發的地方……」這是來自加拿大的旅遊記者麥卡錫原本對臺灣的想像。因為有著在社會底層求生存的經驗，早已習慣冷眼看世界，沒想到在臺灣的第一天，就讓他緊繃的心情逐漸放鬆，人們給予他的溫暖、熱情相待，更讓他卸下武裝。他發現，臺灣最難能可貴的，是處處保有讓人緩慢呼吸、溫暖對待彼此的空間存在。慢，才能細數生命價值之可貴。臺灣，是一處超越他所期待的美麗新世界。

抵臺，讓心慢下來

二〇一一年二月底，我在不怎麼冷的冬季臺灣迎接來自高緯度加拿大的旅遊記者麥卡錫，十八歲甫成年就被父母踢出家門的他，有著非常獨特的人生經驗；做過碼頭工人、在船艙生活半年以上，在社會底層掙扎過、不被溫室保護的經歷影響他對世界的看法。

他認為適者生存，人生需要掙扎，才能在社會上擁有自己的位置，冷眼看社會及掙扎求生已經成為他的習慣。這些，都是他自加拿大帶來的人生故事，也是他帶來與臺灣這塊土地相會的起點。

這天，我們先到東北角的龍洞灣岬步道健行，舊草嶺隧道前騎單車看壯闊海景，在蜜月灣捲起褲管欣賞衝浪愛好者乘風破浪，隨興地在鐵道旁吃起美味的福隆便當。當晚回到位於福隆海邊的飯店時，麥卡錫說：「雖然我們一直移動著，心卻反而慢下來，過著舒服的旅行生活。」

能讓總是緊繃著冷眼看世界的記者，在第一天就慢下腳步，遊蕩在東北角的潮聲之中，是這座島嶼讓我一直想向國際友人宣傳的魅力呀。

隔日造訪宜蘭，我們先從外觀造型獨特的蘭陽博物館遠眺龜山島，麥卡錫問：「那裡有人居住嗎？靠什麼維生？我查過資料，臺灣有幾座離島，那是其中之一嗎？」我正好藉此分享：「龜山島現在是座無人島，為了保留上面豐富、完整的生態，將村莊整個遷出，現在那裡就像座大自然公園。許多人都是在賞鯨季節時搭船，順道繞小島一周；如果想要上島參觀，還得要另外申請。」

許多我們習以為常的小事、看慣的風景，對於遠渡重洋的外國人來說，處處皆會引發他們無窮的好奇心；而這一點，正好也能讓人反思，我們是否疏漏了臺灣珍貴美好的尋常。

宜蘭，是結合臺灣傳統文化、工藝及鄉居生活的寶地，像是近年流行的無菜單料理正是從此處發跡。因此，我特別預約了一家以宮廷式裝潢聞名、滿室金碧輝煌的帝煲瓦罐煨湯館，一上桌，就是大盆海鮮生食，我還有點惶惶不安時，麥卡錫已經眼睛發亮：「真是澎湃！食材新鮮、豐富，配色、擺盤更是讓人看了胃口大開。」沒想到這位加拿大記者對海鮮生食的接受度如此高，不像許多西方國家的旅人對於生食的敬謝不敏，讓我也鬆了一口氣，跟著享受起帝煲一道道美味的餐點。麥卡錫轉頭盯著牆上的大看板文字：「肉可以不吃，湯不可以不喝」，問我那是寫些什麼？我說：「因為這裡用瓦罐煨的雞湯精華都在湯裡頭，所以我們可以不吃肉但一定要喝湯。」於是我們一起品味由瓦罐長時間煨煮出的好湯，對於臺灣人的飲食哲學又有了更多的認識。

當我們逛到礁溪湯圍溝溫泉公園，看著在地人、遊客愜意地泡腳、聊天，突然間我們都被一個有趣的景象勾住目光：溫泉池中有一群小魚正在吸咬人的小腿、腳皮。麥卡錫馬上躍躍欲試，結果這段溫泉魚泡腳體驗，成為他在臺灣最開心的體驗，回加拿大後，他寫出一篇〈溫泉魚按摩，讓你睡覺也會笑〉的獨立報導。因為他始終不明白，為什麼臺灣人可以忍住被溫泉魚吸咬的癢感，他可是邊泡腳，邊咯咯笑到不行呢！（當然，旁邊的臺灣人看他笑成那樣也很開心就是了。）

漫步康青龍巷弄

還沒來到臺灣之前，我以為這是一個未開發的地方……

當那一天早晨，導遊帶著我去搭公車，臺北的公車很乾淨，我在兩站間，聽到語音以好幾種語言播報站名，我以為我理所當然地聽不懂，卻意外地發現，其中一種我聽得懂，是英文。

不過才兩站的距離，就接連看到臺灣的年輕人，一看到年長者上車，馬上起身示意讓座，原來這就是我們西方世界失落的文明與尊重。

下了公車，我的導遊帶我去康青龍馬路邊大樓中的「秋惠文庫」藝文沙龍咖啡館，在這裡可以看到滿是臺灣「回到從前」的歷史文獻、舊時的民俗藝術品、古壺茶具等生活老物件；我彷彿走入一個陌生的時光隧道，看到一種迷人的生活態度，人們不疾不徐。這時是早上十點鐘，即使語言不太通，身為牙醫師卻對歷史文物情有獨鍾的主人，卻很有耐心地泡一壺茶跟我對談他的收藏，這是我們所拜訪的，第一間充滿生活感的店家。

接下來，走進永康街巷弄間的「冶堂」茶館，外觀就像一般住家，裡面的擺設更不像營業空間，好客的老闆把最好的茶拿出來與我們一同分享、品茗、聊茶。之後來到彰藝坊手作布袋戲偶工作室，那是針對臺灣傳統的偶相與花樣傳承文化並創新開發的地方；我在這裡看到每個人都這麼樂在生活，這麼樂於跟別人分享，而且一點也不做作。

不過幾個公車站的距離，我看到臺灣人高度文明之處。

這段文字，是麥卡錫在《溫哥華太陽報》（*Vancouver Sun*）上發表的。在我還沒帶他逛逛臺北之前，他曾說過無法想像我口中康青龍的特別之處；就在他回國後，卻寫出這樣感性的報導文字。

他筆下的「康青龍」，是由永康街、青田街、龍泉街等幾個鄰近街廓所構成的特色區塊，這裡聚集許多特色小店、茶館、餐廳、文創工作室及藝文沙龍等。這些店主人，多半在人生的第一階段因緣際會有了一點積蓄，或許是經歷劇變、反思，想為人生留下印記；因而轉向做些自己心之所嚮、與文化深切連結的事情。對這些人來說，開店的目的並不只是為了營收，更為了實踐夢想、回饋社會；到了人生下半場，賺生活比賺錢更重要，我跟麥卡錫這麼解釋著這個街區的由來，也順便提到臺灣現今盛行的第二職涯（Second Career）概念。

「這裡真是美麗的新世界。」麥卡錫在走訪康青龍一帶時悠悠說著。

在加拿大，他習慣冷漠地旁觀社會，也戴著這樣的眼鏡來到臺灣，但是，不過幾天，人們給予他的溫暖、熱情相待，讓他卸下武裝。而他在臺北公車上看到西方世界失落的禮儀、在巷弄間緩慢過日，賺生活甚於賺錢的都市生活美學等等，更深深震撼了他，因而有感而發：「人生多半庸庸碌碌，無不為了求取更多的名利與權勢，這群人的生活態度不疾不徐，願意分享給更多人他們對生活之美的體悟。」

他情緒激昂地繼續說：「當我回到加拿大，我最想跟大家分享的是，若有一天你們來臺灣旅行，到了臺北，什麼也不要急著做，就搭公車去康青龍，走在其中，與他們為伍，去看他們在生活中提煉出什麼，去過一天臺北人的生活，去感受臺灣人的生活美學，這是高度文明之處才有的文化。」

花東・和原住民一起慢生活

我帶著麥卡錫搭著火車越過山洞，慢生活一路到了花東縱谷；這裡的臺灣島有另一種風貌，冬季的稻田休耕，農夫正處於半休息的悠閒模式。從光復鄉的馬太鞍濕地到玉里的瓦拉米步道，一路色彩繽紛的縱谷風光，讓人心曠神怡。之後，我們前往知名的「大自然體驗農家」，親自動手做泥火山豆腐、品嘗農家菜，麥卡錫對於跟農家話家常及一起研磨豆漿、壓製豆腐顯得特別興致高昂。

「這裡一年四季都能收成農產品？你們是不是有忙不完的農事？現在還有其他地方像你們一樣手工做豆腐？」

農家主人輕鬆笑答：「我們是看天吃飯，有多的農產品收成，就善加利用、儲藏；這些分享給你們的食物，都是跟給自己家人吃的一樣。自然、原味，手作才踏實。」

豆香不散，我們在臺九線持續南行，經過池上、關山、鹿野，路旁甘蔗、玉米、釋迦漸次出現，麥卡錫忍不住打開車窗，吸取臺灣最純淨的空氣。「難怪妳說這裡的稻米跟水果有天然尚好的環境。」我們到了以「八部合音」（祈禱小米豐收歌，為布農族傳統祭典音樂，布農族人則稱「Pasibutbut」。）享譽國際的臺東延平布農部落，看布農族人現場編織手工藝品、品嘗在地洛神花飲，有點可惜不是假日無法現場聆聽音樂演出，不過當晚我們就將前往臺東在地藝術家表演的場所：臺東鐵花村。

愈來愈多音樂人、藝術家，慕名從各地來到臺東鐵花村，因此也吸引愈來愈多旅人到訪。最初，是由臺灣好基金會在觀光局東區國際光點計劃下協助設立，由臺鐵老宿舍改建而成，與鄰近的臺東誠品、鐵道藝術村形成一個完整的藝文聚落。

鐵花村因而成為音樂藝文展演的重要場所，讓許多不願意離開家鄉的原住民藝術家、音樂家能在此演出；同時也結合當地小農，在這裡，除了有音樂演出還有慢活手作市集。

臺東鐵花村由於是文化藝術慢生活的聚落，成為想要體驗有質感慢生活的人到臺東的必訪景點。

這天恰巧是阿美族的情人節，現場舉辦了阿美族音樂會，花東在地的藝術家、音樂人幾乎全員到齊，像一場嘉年華會。我帶著麥卡錫在市集逛手工藝品，向他介紹臺灣原住民文化，買了兩杯雞尾酒一起聽著吉他彈唱及歌舞演出，現場還有阿美族求愛等傳統儀式穿插在表演中。

「我覺得整場表演雖然好，但少了傳統味，有些可惜。」採訪過其他國家原住民傳統部落的麥卡錫坦言，但他接著補充，他很喜歡鐵花村的整體感，「這個空間很自在、愜意，很有原住民的傳統感。」原來，他喜歡的是這群原住民的

外國人最好奇的事 ／ 原住民為何多半用吉他表演呢？

似乎全世界的原住民都一樣，會唱歌、狩獵或做手工藝品。
很多外國人會問：臺灣原住民表演時使用的為何多半不是傳統樂器呢？我只遺憾地回答，原住民的傳統樂器與傳統樂曲，在流傳過程中，漸次被主流的流行文化（不論是華語或西洋音樂）給同化，逐漸式微，甚至是消失，因此現在許多單位正積極努力地協助保存與紀錄。

外國旅人

遇見

臺灣驚豔

左／太魯閣音樂會中依然可見用傳統樂器演奏。
右上／臺東市通往卑南的榕樹大道，兩旁是釋迦、香蕉樹的農田風情。
右下／屏東大鵬灣的蚵殼島經過整治，水清澈見底。

生活態度，而不單純來自表演。整體空間使用漂流木搭建，公共藝術簡樸中帶有原始粗獷，形成一股專屬於阿美族的濃濃風味，這是他認為臺東生活美學的獨到之處。

透過音樂表演，展現原住民熱情活力，「音樂是他們生活態度的一部分，很迷人，雖然我聽不懂，但我很喜歡阿美族人彼此對話的感覺，還有這些手工藝品與搭建出來的小棚子，可以充分感受到這些人的生活美學。這裡的物質生活雖然不算富裕，但精神資產卻十足，我們真的可以跟他們學習到許多。」離開臺東鐵花村前，麥卡錫由衷地說。

旅程中，我看見麥卡錫剛開始一副來到未開發國家的驕傲模樣，到融入臺灣在地的慢生活，並享受濃濃的人情味及真誠互動，就像他之後在回到加拿大寫給我的信中所言：「臺灣，是超越我期待的美麗新世界，值得大家遠道親身去品味及體驗。」

藝術最亮點——

臺東／臺東鐵花村

臺東縣臺東市新生路 135 巷 26 號

電話：08-934-3393

由音樂人和藝術家共同打造的音樂聚落！臺東的「鐵花村」，是原住民的音樂聚落，讓人從歌聲中感受山海的遼闊。在假日慢市集裡，可以與更多在地小農及手創工作者相遇。鐵花村是臺東的光點，也是旅人延伸旅行的版圖，希望讓更多人走向翠綠的縱谷與藍色的海洋。

料理最亮點——

宜蘭／帝煲瓦罐煨湯館

宜蘭縣礁溪鄉礁溪路三段 176 號

電話：03-988-8388

喜歡無菜單料理的神秘感與驚喜嗎？那就一定要來一趟宜蘭走走，宜蘭正是臺灣這波無菜單料理的發源地。而帝煲瓦罐煨湯館，更以裝潢、海鮮澎拜聞名，若要來此嘗鮮，千萬記得先來電預約，以免向隅。

加拿大記者行程

day 1 東北角：龍洞灣岬步道→舊草嶺隧道→福隆，夜宿：蜜月灣

day 2 靈鷲山無生道場→三貂角燈塔→蘭陽博物館→帝煲瓦罐煨湯館→湯圍溝溫泉公園→舒果蔬食晚餐

day 3 康青龍（秋惠文庫、冶堂、彰藝坊偶相與花樣工作室）→舊香居→鹹花生下午茶→誠品敦南店→誠記越南河粉晚餐

day 4 花蓮豐田玉 DIY →馬太鞍濕地→瑞穗吉祥溫泉，夜宿：安通紐澳華溫泉民宿

day 5 花蓮瓦拉米步道→羅山有機村（泥火山豆腐 DIY）→布農部落→原生應用植物園區→臺東鐵花村，夜宿：臺東飛碟屋民宿

day 6 東港東隆宮→大鵬灣潟湖遊船→小琉球

day 7 小琉球欣賞珊瑚礁→東港華僑漁市

Yummy! My mouth is watering——美國老饕夫妻的臺灣美食、自然地圖

曾經走訪三一九鄉多次的我，因為是愛吃一族，臺灣街頭巷尾各式小吃，總逃不過我的美食雷達；但遇到美國的史密斯夫婦，他們的老饕等級讓我完全甘拜下風。他們此行特別為了臺灣小吃而來，事前更做足準備，不僅讀遍所有介紹臺灣的英文資訊，甚至還找到在臺生活的外國人所寫資料，這些資料通常被轉貼在國外網站，我們在臺灣不太會知道。這也讓我發現臺灣小吃的國際化，其實大有可為！

從他們精選的體驗自然行程中，也可以窺見臺灣迷人之處，不只是各大觀光風景區，而是一條條在山間、海邊擁有特殊地貌、動植物生態豐富且路況多變的自然步道，這些正是外國旅人銘記心中的好去處：美麗的福爾摩沙。

史密斯先生曾是華爾街的金融神童，史密斯太太則是行銷顧問講師，兩人於退休後開始環遊世界。他們一貫的旅行哲學是，每次造訪一個地點，不會選擇大飯店的料理，而是找到懂該國飲食全貌的美食達人（Foodie），帶領他們品嘗當地飲食；此外，希望找到帶領他們行走自然的健行嚮導（Hiking guide）深入探訪造訪的國家。他們總是說：「We walk more because we want to eat more。」（走更多是為了想吃更多。）

我們的緣分說來奇妙。二〇一三年，我接受臺灣觀光局委託帶三位北美型男主廚品嘗臺灣各地料理及認識臺灣的飲食文化，主廚們返美後分別研發出一道帶有臺灣元素的美食料理在自己開設或工作的餐廳開賣。整個過程由臺灣觀光局及美國製作單位製成影片，希望能推廣臺灣美食與人文風景讓更多外國旅人前來親身體驗。史密斯夫婦委託的旅行社在紐約旅遊展中看到這支影片，印象深刻，輾轉找到同時熱愛美食及大自然健行的我，希望能由我帶他們吃遍臺灣經典美食，行腳體驗臺灣自然之美。

熱愛美食與大自然的他們來到臺灣前，已經把臺灣各地的自然步道、特色食物、觀光夜市，甚至把臺南必吃的二十五道食物蒐集得鉅細靡遺，心中彷彿已經有份臺灣自然美食地圖。

尋著臭味而來……

想吃臺灣的國民小吃，那就從臭豆腐開始吧。大多數老外一聽到臭豆腐，通常是兩手一攤，隨即捏著鼻子、搖搖頭，快閃離開。這對來自美國賓州的夫婦卻十分享受這道美味。我帶他們去的是民生社區新東街附近頗知名的鴻金寶臭豆腐。他倆都愛吃辣，小小一盤臭豆腐，配上蒜蓉辣醬油，兩人邊吃邊猛點頭跟我說，這食物完全超乎他們想像：「聞起來臭，吃起來不臭，外酥內軟，很特別的體驗。」

九份街上，品嘗炭烤臭豆腐的外國觀光客。

「為什麼中間要挖個洞呢？」他們指指臭豆腐，表情困惑。

「可以放入泡菜，跟臭豆腐一起吃，口感特別好。」我還不忘提醒，一定要沾蒜蓉辣醬油，才夠味。

沒想到，來臺灣嘗的第一個國民小吃，就讓史密斯夫婦笑逐顏開、頻頻點頭。行程才剛開始呢，我對他們開了個玩笑：「如果想好好吃臺灣美食，需要有四個胃。」

「哇，四個胃。」史密斯夫婦噗哧笑出。

在說說笑笑中，我們來到臺灣最知名的觀光夜市——士林夜市。這也是史密斯夫婦最想體驗的景點之一。

我事先提醒，若想遍嘗各種小吃，兩人合吃一份即可，這樣胃才有空間再吃別的食物。史密斯夫婦點頭如搗蒜，一副摩拳擦掌、躍躍欲試的樣子。

我們從士林夜市的廟口開始，胡椒餅的香氣撲鼻而來。綠色的蔥末和豬絞肉混合包在一起，餅皮加上芝麻，放在爐火上烤，香氣四溢。根據我多年帶外國旅客的經驗，不由分說，立刻建議他們吃吃看。

從老闆手中接過剛烤好、熱呼呼的胡椒餅，裝在紙袋內，小小一顆，讓史密斯夫婦咧嘴而笑，「蔥香與鮮肉結合得太棒了，外皮香酥不油膩，裡面多汁！」說完又咬了一口，吃得很滿足。

為了讓他們體驗最真實的在地人生活，我說：「在臺灣逛夜市可以邊走邊吃。」他們很快學了起來，拿著胡椒餅邊走邊吃，東逛逛、西晃晃。

接著來到蚵仔麵線攤。老外通常不愛湯湯水水，沒想到這對勇於嘗鮮的夫婦竟然一屁股坐在硬硬的圓板凳上，端起碗公就吃。吃完蚵仔麵線，他們又陸續吃了大腸包小腸、水煎包。我特別介紹水煎包有肉餡及高麗菜餡兩種口味，他們各買一顆嘗鮮，還不忘拿起一旁的辣椒醬往水煎包上倒。

「臺灣的辣椒醬很好吃。」他們異口同聲表示。

他們果然有備而來，一口吃香腸、肉捲、豪大大雞排，該吃的都吃到了。他們尤其對比巴掌大的雞排印象深刻，直問怎麼做到的。「因為臺灣人把雞排拍得很薄。」我邊用手示範邊解釋，臺灣人在雞排裹麵粉下鍋油炸前，會不斷拍打，愈拍愈薄，也愈拍愈大片。

離開士林夜市的最後一道小吃，我帶他們前往老字號的「我家冰果室」吃芒果雪花冰。臺灣在地黃澄澄的愛文芒果和雪花冰融合，加上牛奶，滋味濃醇又香甜。他們想起之前喝木瓜牛奶時，我提到臺灣人喜歡把各種水果跟牛奶一起混搭，製造出不同的風味，「真的很好吃呢。」看他們吃冰的過癮表情，芒果雪花冰顯然把史密斯夫婦的心慢慢融化了。

再戰基隆夜市

本以為士林夜市應該讓史密斯夫婦心滿意足，沒想到隔天晚餐，他們依舊指定夜市，而非餐廳或飯店。這天晚上，我們去了饒富盛名的基隆夜市，史密斯

上／夜市攤陳列的食物模型。
下／花蓮阿姑的店在地當季食材的好料理。

夫婦總共吃了十二種臺灣小吃。

第一攤是頗具本土風味的——雞捲加滷肉飯。

「裡面沒有雞肉，為什麼叫雞捲？」吃到一半，他們突然問我，因為雞捲裡面其實是包豬絞肉。對我來說，這是從小習以為常的名稱，沒想到居然會有外國人問我名稱由來。後來店家熱心地解釋，「雞」的臺語發音跟「多」近似，而當初雞捲包的正是多餘的剩菜！

接著，我們繼續橫掃鼎邊銼、天婦羅以及先煎再烤的炭烤蚵仔煎。「鼎邊銼滑溜、湯頭鮮美；炭烤蚵仔煎風味獨特，尤其是搭配甜辣醬挺不錯，跟天婦羅的醬料一樣。」這對夫婦豎起拇指，說著每一道食物的調味與口感。

走到麵攤前，看到堆起高高如金字塔的炒冬粉，他們點了一份。我在旁補充說明，冬粉是綠豆做的，通常用高麗菜拌炒，炒過後的冬粉呈透明狀。

「吃起來不油膩，嚼起來很順口。」他們很訝異地直說好吃、好吃。

「要不要加醬油炒？」邊吃邊忙著問，像是想把烹調方式學起來的模樣，神情認真。

「不用，加高湯或一點點鹽就可以。」我說。

甜品時間，我帶他們去吃知名的基隆泡泡冰。不同於剉冰的配料與冰呈現分離狀態，泡泡冰把紅豆、花生或芋頭等餡料放入剉冰機中，用勺子或湯匙以手工攪拌，將冰打至細勻。這種獨特的口感，讓愛吃冰的老外夫妻覺得口感特別。本以為夜市行應該劃下句點，沒想到看到鹹水雞時，史密斯夫婦腳步再次停了下來。我解釋，鹹水雞通常配豆皮、豆干或酸菜，放點蒜蓉，加上辣椒……，一聽到辣，兩人眼神又活了過來，當然沒放過。再接再厲，又吃了麻佬（炸物，廟宇祭祀時常見的點心）、傳統大餅、肉圓、九層塔炒蟹腳，以及來到基隆夜市不可錯過的全家福元宵。

巧遇保生大帝出巡

除了夜市，他們也想走訪臺灣的傳統市場，因為這也是當初收集資料時許多人推薦的必逛景點之一。

大同區和萬華區是臺北最早發展的老街區，我帶他們去逛龍山寺、青草巷以及萬華三水生鮮市場。他們看到傳統市場中掛著烤全雞、生豬腸，臉上露出欣賞的表情，看到臺灣人平常吃的粿、滷豬腳、筍絲等更是興奮，馬上就想買來品嘗。

單單走訪一個傳統市場，史密斯夫婦就深刻感受到臺灣人的飲食文化，以及多樣化的烹調方式；他們尤其對於我們使用的調味料很感興趣，頻頻拿起各種調味品瞧瞧，像孩子般充滿好奇。

我們來到大稻埕迪化街區的城隍廟時，無巧不巧，竟然遇到保生大帝出巡日，各鄰近神祇紛紛一同參與。外國人最喜歡看臺灣的民俗活動，七爺、八爺踩著高蹺舞動身軀，邊跳還邊跟這對老外夫婦擊掌，「實在太令人興奮了！」史密斯夫婦笑開懷。

逛著逛著，我們來到迪化街非常有名的百年街屋、被市政府核定的三級古蹟——林家祖厝（林五湖故居）。這座古厝為典型閩南建築，三進式樓井結構，完全不用一根釘子打造。

來自泉州的林家至今已經傳到第十九代，二〇〇九年開始，林家決定開放祖厝，且將整棟建築物的第一進承租給臻味茶苑經營，推廣茶文化。這裡儼然一座小型茶博物館，滿是歲月痕跡，老舊木桌上擺放著古壺、藥爐，古早進口臺灣的中國茶葉，留有封條的木箱還保留著當年運來的茶葉，一整櫃臺灣各地特有的茶品，還可免費聽講傳統茶道文化。

在這裡，他們感受到臺灣熱情的奉茶文化。一進門，服務人員端上香茗一杯，他們在滿室茶香的沉靜氛圍中坐下，靜靜看著茶行老闆泡茶，解說茶道。老闆熱切解說，不停地泡茶、斟茶，不習慣無端享用的史密斯夫婦不好意思地想給小費，委請我翻譯。

「免啦，不用啦，我們是在宣揚傳統茶道。」我轉達茶行老闆心意。

「臺灣真是充滿濃厚的人情味。」史密斯夫婦真切地說。

離開大稻埕，帶著懷舊的心情，我決定帶他們品嘗另一種濃濃古早味——雪王冰淇淋。位於中山堂旁的雪王冰淇淋從一九四七年開幕至今，使用臺灣在地水果、農產品製成冰淇淋，口味多達七十三種，還包括少見的肉鬆、麻油雞、豬腳、牛肉、當歸、高粱酒、九層塔等，連芥末口味都有，千奇百怪。我邊解釋這些口味，史密斯夫婦邊露出不可思議的表情。（備註：目前該店已搬到原址二樓，並未消失，喜愛古怪冰品的朋友依然可以品嘗到這些有趣的味道。）

我們三人一路吃不停。吃完古早冰，逛完城中市場，吃了博愛特區附近他們指定的桃源街牛肉麵。接著，轉往沅陵街吃魚酥羹，他們覺得口味濃郁，還是不忘加上辣椒醬，甚至開始評比哪家店的辣椒醬最好吃，還想買回國當沾醬呢。

走自然步道，聆聽取代交談

臺北的美食之旅暫告一段落，隔天一早，我們離開臺北，驅車前往花蓮太魯閣，準備換個心情，好好體驗臺灣的自然美景。

史密斯夫婦選擇的，是一般旅客不太走的錐麓古道。錐麓古道是合歡越嶺古道的殘存遺跡，途中有多處日治時期駐在所遺址，其中錐麓大斷崖更是最精華的路段。站在狹窄的小道上，居高臨下，除了看陡峭斷崖，還可一眼盡覽雄偉峭拔的太魯閣峽谷，立霧溪滾滾溪水切過峽谷山壁，鬼斧神工。

史密斯夫婦體力驚人，除了錐麓古道，還走完白楊步道、砂卡礑步道，一天半內完成三個步道，他們將自己深深融入自然。

特別值得一提的是，我在這對夫婦身上看到尊重及享受自然。他們全程只帶礦泉水和香蕉，喝完水就把寶特瓶壓平壓扁，香蕉皮也帶下山，做得自然又順手，從來沒問哪裡有垃圾桶。我們請了一位原住民當嚮導，同時做生態解說，

史密斯夫婦於太魯閣住宿一晚，隔天早上看到我時，迫不及待跟我分享。昨晚在飯店內用餐時，看到鄰桌一家四口每個人都低著頭，邊吃東西邊滑手機，互不說話。這一幕，讓他們印象深刻。「臺灣人都這樣嗎？來到這麼美麗的地方，環境舒適，視野也很好，應該有很多可以分享的心情，怎麼都不聊天呢？」他們不解。其實不只一位外國旅人問過我這個問題，我只能惋惜地表示，無論在自然景點、餐廳用餐或捷運、公車上，低頭族在臺灣已是相當普遍的現象。許多人已經逐漸忘卻，享受生命的重點，其實是在當下瞬間，而非在網路世界。

讓他大表意外的是，一般旅客多會請他幫忙拍照，沒想到這對夫婦身上完全沒有相機，連手機也沒有。

健行時，夫妻倆神情愉悅，輕快地在山林漫步，或者是停下來欣賞壯闊的峽谷，幾乎沒交談，下山後才分享聽到多少種鳥鳴，聞到多特別的花香。「一旦使用相機或手機，就無法好好享受大自然了。」史密斯夫婦告訴我。

走完古道，我帶他們體驗野溪溫泉。文山溫泉屬於碳酸泉，無色無味，是太魯閣國家公園內唯一的露天野溪溫泉，走完步道後泡溫泉放鬆是一大享受。車子經過天祥，到了泰山隧道旁就有步道可以進入，下到底部溪谷就可看到野溪溫泉。

史密斯夫婦坐在大理石旁，把雙腳泡入池水，溫泉從溪流大理石縫不斷冒出，彷彿也把健行時的足部疲累沖刷洗淨，「太舒服了！」看得出來，他們很享受其中。（備註：目前因雨水沖刷破壞，國家公園不鼓勵遊客前往。）

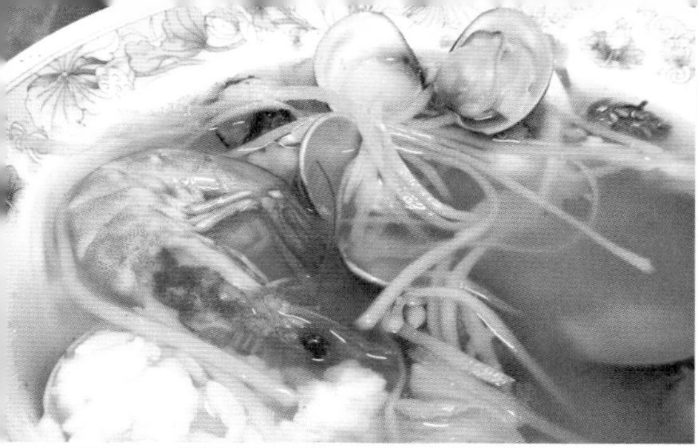

左上／美味臺南海鮮粥。
左中／隨興用餐笑開懷的夫妻倆。
右上／嘗試雪王冰淇淋的多種口味。
右中／肥美虱目魚肚。
下／和三太子開心擊掌。

流水席般的小吃．古都臺南上場

提到臺灣庶民美食，每個臺灣人都知道絕不能錯過臺南。史密斯夫婦當然也知道臺南享有「美食古都」的美譽。

三個「愛吃鬼」來到這裡，火力全開。從春捲、木棒碗粿、鱔魚意麵、菜粽、湯魷魚（加一點點薑絲蒜蓉醬油）、度小月擔仔麵、擔仔米粉、擔仔粿條（他們覺得湯頭非常好喝，用豬大骨和蝦子熬煮，也訝異於米食的料理變化如此多樣）、蝦捲、蝦仁羹、黃色的粉粿、安平古堡的傳統豆花（他們尤其愛豆花加檸檬汁）……全都沒錯過。五月底的南臺灣讓人邊吃邊汗如雨下，吃到接近黃昏，日頭仍赤炎炎，三個人也飽到不行，「晚餐可以省下來了。」史密斯夫婦搖頭苦笑。

隔天的重頭戲，就是品嘗臺南人道地的早餐。

臺南人的早餐一般非常豐富，就像自助餐一樣，要喝牛肉湯、吃滷肉飯、蝦仁飯、春捲、肉粽、用肉末熬煮的鹹粥等都有。那天我們去魚仔店吃用虱目魚做的魚腸、魚肚、魚身、魚丸、魚肉、魚皮混搭成的美味鮮魚料理及鹹粥，體驗臺南道地的豐盛早餐。用美食迎接一天的開始，讓人活力充沛，也讓史密斯夫婦嘆為觀止。原來早餐可以有這麼多種樣式，如果是在飯店吃著如常的西式早餐，他們可能就錯失這個貼近在地人生活的機會。

在臺南，不免俗地要去看看臺南孔廟、延平郡王祠、赤崁樓等。我也帶他們走訪臺南保存最完善的老街——神農街。一棟棟舊建築，用木條、木片搭建的木製門窗、斑駁生鏽的大門、用石磚紅磚鋪砌的地面、老榕樹盤根錯結，還與老屋交纏，一不小心，還以為走入時光隧道，令史密斯夫婦嘖嘖稱奇。

很多老屋目前轉成民宿或藝術工作室，街景牆面也成了大型藝術畫布，相當具有特色。

最後，我們用甜品來為臺南行劃下句點。我帶他們去超過六十年的臺灣傳統甜品老店「莊子土豆仁湯」。綿密的花生，加上紅豆、蓮子、愛玉、芋頭等配料，讓史密斯夫婦很驚訝，「花生去皮後能煮成如此入味的甜湯。」

更令他們驚訝的是，「為什麼吃熱的？」他們不解天氣這麼熱，當地人都點熱的花生湯，而不是剉冰。

「因為這樣比較有花生味，配上湯圓混著吃，你們不覺得很有嚼勁嗎？」我笑嘻嘻回問。

我們可以成為旅行的Soulmate！

在臺灣相處的這十一天，我充分感受到他們完全投入於旅行中。臺灣小吃讓他們吃得心滿意足，吃得忘我。誰說吃美食一定要選擇知名飯店或名廚餐廳呢？

上／花蓮玉里碧綠的稻田。
下／阿里山採茶姑娘。

其實臺灣最具特色的味道，就在街頭巷尾及日常生活之間。

旅程最後一天，我們還是選擇用美食劃下美好句點。我特別選了內湖一家泰緬料理，炒河粉、椒麻雞、醉仙牛、涼拌花枝、打抛豬肉等，烹調道地又嗆辣，「真是酸辣香兼具，很過癮。」果然中了史密斯夫婦的胃，他倆吃得很開心。飯後，他們堅持請我到酒吧喝紅酒，我們選在結合麵食及Pub的大直「雙人徐」Bistro話別，也約定三個月後我去美國自助旅行時再碰面。

我們因愛吃而結緣，加上有相同的旅行理念，自然而然變成朋友。他們是我心目中真正的旅行者。他們沒帶相機，不用手機，反而是我興起時幫他們拍幾張，再傳給他們。「緣分讓我們相聚，更成為心氣相投的旅行Soulmate。」史密斯夫婦早在旅程第四天就這麼跟我說。

這個緣分至今仍持續。二〇一四年八月，我去美國展開一個月的探親及西部國家公園自然之旅，行至波特蘭，他們正在奧勒岡州海岸跟好友度假，特別趕來與我相聚，並選擇一家多國料理的餐廳共進午餐。「在臺灣時，妳帶我們吃了大概一百種食物，我們特別請這邊的朋友挑家多樣化料理的餐廳請妳品嘗，這才是接待老饕朋友的王道。」史密斯太太開心地說著。

我也偶爾為他們寄上臺灣的干貝醬、辣椒醬，及史密斯先生情有獨鍾的玉井情人果蜜餞，因為這是他們念念不忘的臺灣好滋味，也是我們共同的味蕾記憶。

就在最近，他們寫信告知正在阿根廷的巴塔哥尼亞健行，希望安排在二〇一六年要帶著朋友再度來到臺灣，跟我一起大啖他們想念的臺灣巷弄美食：「Yummy, Yummy, my mouth is watering!!」史密斯先生看到我自己在家做的包子照片，恨不得馬上飛來；而我，卻是在享受美食時，常常想起他們輕盈的身影、細細品味美食的歡愉、我們跨越文化的交流及珍貴的友誼！

餐廳最亮點——
花蓮／阿姑的店

花蓮縣吉安鄉中山路三段 226 號
電話：03-853-5802

這家店只有五張餐桌，通常要一個多月前訂位，特色是使用花蓮在地食材料理，例如阿姑芋捲，紫心地瓜中間放鹹蛋黃；又如花椒炒牛肉，用剝皮辣椒炒牛肉再搭配黃、紅椒。特色料理還有松阪豬、茭白筍炒鹹蛋、炒山蘇、砂鍋肥腸等。我一點到砂鍋肥腸時，老闆隨即露出驚訝的表情，我根本沒翻譯，史密斯夫婦就從老闆表情看出端倪。「他是不是問妳，外國人怎麼敢吃那個？」史密斯夫婦笑問。「對呀。」我說。的確，通常沒有外國人敢吃砂鍋肥腸的！

小吃最亮點——
南投／蘇媽媽湯圓

南投縣埔里鎮中山路三段 118 號
電話：049-298-8915

早上十一點營業至晚上九點，據說連郭台銘郭董都愛的埔里「蘇媽媽湯圓」，其中特別是米粉湯及冷熱皆宜的大小湯圓甜湯，不容錯過。

古道最亮點——錐麓古道

太管處電話：03-862-1100~6

這裡是太魯閣國家公園境內唯一的史蹟保存區，錐麓古道為合歡越嶺古道殘存遺跡。長約一・二公里，高約六百公尺，幾乎全由大理岩構成，是太魯閣峽谷最雄偉的景觀。進入時須入山入園申請，目前開放全程共計十・三公里。

景點最亮點——埔里廣興紙寮

南投縣埔里鎮鐵山路 310 號

電話：04-9291-3037

成立超過半個世紀，可說是臺灣手工造紙業僅存的少數業者之一，經過不斷創新，製造出珍貴的手工紙。

「紙也可以吃？」這令史密斯夫婦印象深刻。廣興紙寮運用特殊製程，創意發想，用埔里在地植物或蔬菜，例如茭白筍、柳丁等製紙。

古蹟最亮點——
臺北／迪化街區

地址：迪化街一段、甘州街、保安街交叉口、朝陽公園、甘谷街、南京西路一帶。

迪化街區始建於十九世紀中期，除迪化街外，包括貴德街等整個街廓都算；在日治時期結合南北貨、布市、中藥行等，是臺北，乃至於全臺灣商業最興盛之處。

一九二〇年末至二戰爆發前，被稱作「永樂町」的這裡，是最為繁華之時，也因此大量興建現代主義式建築、與富麗堂皇的巴洛克式建築。

在這裡，不只有農曆年前的「年貨大街」可逛，城隍廟的月老可拜；更有辜家鹽館、錦記茶行、李春生教會、莊協發商店、林柳新偶博物館、林家祖厝等歷史遺跡足以發人深省。

美國老饕夫妻品味臺灣十天之旅行程

day 1 鼎泰豐信義總店→上引水產→士林夜市

day 2 Jodie's Kitchen（私廚學料理）→中正紀念堂→紫藤廬→基隆夜市

day 3 萬華（三水市場、龍山寺、青草巷）→桃源街牛肉麵、雪王冰淇淋→迪化街（布市、茶行體驗、保生大帝生日出巡霞海城隍廟、中藥及乾貨店）→欣葉臺菜餐廳

day 4 太魯閣號火車→太魯閣國家公園（燕子口、白楊步道、長春祠）

day 5 錐麓古道→砂卡噹步道→文山野溪溫泉

day 6 太魯閣→合歡山→日月潭

day 7 日月潭遊船→慈恩塔步道→日月老茶廠→埔里酒廠→廣興紙寮→日月潭單車體驗

day 8 日月潭→臺南（大天后宮、孔廟、赤崁樓）

day 9 臺南（安平樹屋、德記洋行、安平老街）→高鐵回臺北→北投（地熱谷、溫泉博物館）

day 10 陽明山國家公園（擎天崗步道、絹絲谷步道、小油坑）→北投

外國旅人

遇見

臺灣鷺鷥

義大利美食美酒評鑑家的品味鑑賞之旅——

美食、茶香及風格人文的洗禮

義大利是眾所皆知的美食國度，臺灣美食在國際間也占有一席之地，當兩個美食文化相遇時，會激盪出什麼樣的火花呢？來自義大利的美食美酒專家兄弟檔原本只為品酒推廣活動來臺，在十天的臺灣之旅中，我帶著他們從臺北、南投到臺南，從街頭小吃到餐廳美食，一路也喝茶，他們很驚訝，原來臺灣美食不只多元，也不僅是美味，更是結合時尚、品味及美好生活的實現。

我心目中的義大利人重視的應當不僅是美食，更是時尚、品味及美好生活的實現者，於是此行讓義大利美食美酒專家體驗的主軸乃是：貼近生活型態的美食、飲品及風格人文所在。行程主要集中在臺北、南投與臺南，規劃上還特別在人文薈萃的臺南，順著從小在臺南長大的國際藝術家、料理美學家吳昌怡的美學路線，尋訪記憶中的美食、臺南老屋再生的藝術力及獨特的慢生活。

「臺灣真是一個風情萬種的地方，個性鮮明，底蘊深藏，值得細細品味。」臨上飛機前，他們這麼跟我分享著。

二〇一五年五月十一日，臺北舉辦了一場來自六十家酒莊、兩百五十種義大利美酒的品酒暨推廣會。主辦單位想在臺灣推廣義大利酒，這些酒都獲得義大利美食美酒權威評鑑《紅蝦》（*Gambero Rosso*，等同法國《米其林指南》）推薦。《紅蝦》國際版主編羅倫佐・羅傑利（Lorenzo Ruggeri），以及影音兼平面攝影安德烈・羅傑利（Andera Ruggeri）受邀來臺報導，他們是一對兄弟檔，同時也是美食美酒專業評鑑家。

他們原本只為主持以及報導品酒活動而來，觀光局認為機會難得，希望藉此推廣臺灣給同為美食及觀光勝地的義大利，增加臺灣在遙遠國度的曝光及識別度，因此特別邀請兩位記者遊覽臺灣。其中，哥哥安德烈同時負責攝影。兄弟倆合作將此行製作成美食電視節目，先在《紅蝦》的電視頻道播映，兩個月後放上網路雜誌頻道，內容包括影音與文字，閱聽對象主要是義大利及全球對美食有興趣的人，頗具影響力。這是將臺灣多元化美食及人文風景介紹給廣大國際饕客的難得機會，觀光局找上我，希望能由我擔任導遊。原本那段時間，我計劃帶團到奧地利及捷克，但同為美食及人文風景的愛好者，尤其對象是來自美食國度義大利的專業美酒美食評鑑家，怎可錯過？

體驗禪修，專注聽雨滴

在北臺灣的細雨霏霏中，我們前往北海岸，第一站來到法鼓山。法鼓山是臺灣著名的佛教團體之一，平時就有許多人參與禪修課程，修身養性，追求心靈的自在和平靜。他們也很想體驗看看。

法鼓山的建築簡潔、開闊，質樸又內斂，沉穩的黑藍色調，也打破了他們原先以為東方廟宇都是金碧輝煌的印象。法師教我們如何放鬆、專注，透過二十分鐘坐禪，感受內心的安靜自在。羅倫佐形容：在放鬆的過程中，等眼睛一閉上，腦中浮現很多紛雜的念頭，之後法師要我們專注於聆聽雨滴在水池的聲音，心好像慢慢鬆下來，有一種活在當下的寧靜感覺。「宗教之於我們常常是通往心靈修行的媒介，也是我們生活的一部分，包含我們對生命的價值觀，好比樹葬，就是讓生命在大自然裡延續，回歸塵土的概念。」當我們遠眺法鼓山的生命園區時，我想起自己和家人曾經的對話，於是與他們分享東方人將宗教與生命價值觀融合的精神。

法鼓山的正殿內供奉佛陀及諸菩薩的塑像，法相或莊嚴或慈悲，菩薩也有意涵各異的手勢，讓兩位記者深感東方佛學之藝術及奧妙。

「這裡沒有燒香。」羅倫佐也覺得這跟他們印象中，東方廟宇香煙裊裊的畫面不太一樣。

此外，羅倫佐還看到有信眾在抽籤，「這應該是心靈處方吧。」他自解。

「人們每天來這裡拜拜嗎？」羅倫佐問法鼓山的導覽法師。

「不會，只有特定的活動時才會，平常大家多在家修行。」法師回答。

碩大的法華鐘上刻著經文，吸引著他的目光，急急問著：「每個人都可以敲鐘嗎？」

「不行。只有過年舉辦法會時才會敲鐘。我們追求不自私，幫大家祈願，而不是只幫個人祈願。」法鼓山的導覽法師緩緩說著。

我們一行人繼續靜靜看著雨滴一滴滴落在池上，沉默不語，心也慢慢沉靜。

「我要來感受心沉靜下來的感覺。」

「這裡周圍環山，可看到田園景觀，是很好的禪修地方。」

一陣子後，安德烈才連忙拿起攝影機，想拍下水滴。

鮮．北海岸漁村旁的原汁海味

出法鼓山往野柳的路上，大雨不斷，我先帶他們前往龜吼漁港吃海鮮。龜吼是北海岸上的一個小漁村，剛入港的漁獲直接卸貨拍賣，形成熱鬧的魚市。三明美食海鮮餐廳採現點現做，他們一坐下來就說：「這很像我們義大利家鄉，在漁港旁用餐的感覺。」

「蚵仔肥美，新鮮漁獲就是這麼棒。」這對兄弟不喜歡太多調味，偏愛原味，像是他們對於臺灣人很喜歡在菜中放入蒜蓉料理就敬謝不敏，因為覺得味道太強烈。

除了吃海鮮，他們在這裡又認識了一道野菜──水蓮，水蓮如細繩般，口感清脆，還帶有些淡淡的蓮花香氣，他們很愛吃水蓮配上香菇及麻油熱炒的這道料理。

「這長在哪裡？」他們問。

「就像蓮花一樣，根長在泥土裡，莖穿過水中，葉子則浮在水面上。我們吃的是莖的部分。」

「居然一點土味也沒有！」他們頗感驚訝。但隨即又吃起涼拌海菜，看到完全不同的配菜──蔥薑蒜及辣椒，忙不迭地說：「這道菜超出我們的想像，慕瑾妳好像說對了，臺灣人很擅長將有腥味、土味的食材，透過香料調味及配菜，將食材的原味完美釋放，去掉不必要的味道。」

離開漁港，到了野柳風景區，隨即看到奇石女王頭前面一長排觀光客在等拍照，在大雨中，此時只有攝影記者安德烈跟著我走在濕滑的風化岩上。

「為什麼每個人都要跟這個女王頭合照？」

「來這裡的觀光客大多來自中國，在野柳的頭號景點女王頭前面合照，表示自己到此一遊。」我回答得很理所當然，「而且大家為了搶拍照有時還會吵架，風景區乾脆在出口處人工打造二號女王頭，供觀光客拍照。」這讓安德烈完全無法理解。

雨不斷下著，觀光客幾乎都穿起便利商店販賣的黃色輕便雨衣，跟褐色、咖啡色的岩石產生強烈對比。

「這個顏色對比實在太有趣了，畫面也很有故事情境呢。」安德烈在上車前很開心地跟我分享他拍到最滿意的影像。

煙雨濛濛・真九份

羅倫佐雖然是義大利人，卻不愛喝咖啡，反而深愛烏龍茶。他記得當時在義大利，一位日本人送他茶葉，讓他第一次有機會喝到烏龍茶，從此深深著迷於他口中「有阿爾卑斯山森林氣息」的茶香。那位日本人還對他說，如果想喝真正的烏龍茶，一定要去臺灣的阿里山。

此行來到臺灣，羅倫佐很希望能親自走一趟阿里山，他早就想好畫面，要在阿里山的日出前，啜飲一口臺灣烏龍茶。但最後因為在南投的拍攝工作忙到晚上十點半，隔日無法趕赴阿里山拍日出，讓他們深感遺憾。

來到北海岸，想找地方體驗茶文化，依山傍水喝茶賞景，那非九份莫屬。我們來到九份拜訪九份茶坊和他的兄弟店：水心月茶坊（原名天空之城）。九份茶坊較偏傳統泡茶，原本是老闆的工作坊，後來轉成茶坊；水心月茶坊則提供蓋碗茶，較不是傳統的功夫茶。

老闆的工作坊內收藏許多臺灣藝術家親手做的陶瓷、茶具，以及老闆自己得獎的設計作品，包括將礦工採礦時用的燈具設計成茶具，試圖透過藝術，把過去的庶民生活融入現代設計。整個空間、茶道，都令兩位記者印象深刻。

在充滿懷舊設計的藝術空間中，我們悠然品茗，不亦樂乎。兄弟倆聞到茶香，立刻精神一振，指著壺內還冒著煙的烏龍茶說：「你看，茶葉整個展開，絲絲香氣在我的鼻息之間，這個香氣讓我憶起第一次喝烏龍茶的感覺。」

今天已經下了一整天雨，看著外面山區持續雲霧飄渺，他們有些擔心拍攝工作可能會受到影響。「九份如果不下雨，就失去九份的韻味了。」我說，「別擔心，等一下雲霧就會散去。」

為了配合他倆的拍攝報導，他們希望店家受訪時在鏡頭前說英文，羅倫佐之後會在鏡頭前用義大利文再說出自己的體驗及感想。這事我們之前並未被告知及安排，加上多數東方人在鏡頭前較為害羞，尤其要說的是並不嫻熟的英文，連我這英文導遊被臨時要求披掛上陣時，都真的有些忐忑不安。不過，臺灣人的好客精神居然再次打破語言藩籬，拍攝工作得以順利進行。

拍攝時，我們特別選在水心月茶坊，因為這裡有無敵海景，他倆興致勃勃地問接待我們的茶職人：「為什麼泡茶要用這個缽、那個茶海、茶洗？」或「為什麼烏龍茶葉的型狀大多是球型，其他有些茶葉則是散開的？」

「茶具的材質跟泡出來的茶湯口感很有關係。」茶職人一一耐心解說，也讓他們瞭解不同茶葉的生產必須與當地自然環境結合，以及如何用茶色分辨紅茶、白茶或綠茶。

當天他們喝了烏龍茶以及東方美人茶，我順便跟他們解釋，傳說曾有臺灣茶商送英國女王伊莉莎白二世一批茶葉，女王輕啜一口便說：「這太美味了，簡直就像東方美人。」從此，這批茶葉就有了一個新名字：東方美人。

在水心月茶坊喝茶靜心、享受海景，原本只計劃十多分鐘的訪問，他們忘乎所以地拍了三小時，結束時已是晚上七點多。踏出茶坊，我們到九份街上的翰林茶館體驗另一種茶飲：珍珠奶茶。

提到珍珠奶茶，這兩位嗜茶的年輕記者很有實驗精神，除了喝茶館的珍珠奶茶，也到處體驗街上小店鋪的茶飲：黑糖薑茶、金桔檸檬，只是覺得有趣。我們到臺南時也親臨臺南翰林茶館創始店體驗。「雖然翰林茶館是街頭茶飲，但茶湯非常好，可以喝出他們使用不錯的茶葉。」果然是專家，羅倫佐居然可以喝出使用的茶葉等級，就他所言，品嘗酒、茶、咖啡的技巧都是共通的。

從他們第一天喝珍珠奶茶，到行程尾聲時，記者搞笑地在鏡頭前說：「一開始我不瞭解什麼叫做很Ｑ，現在我已經瞭解了。」

邊喝珍珠奶茶邊走在九份豎崎街，兩旁店家掛著的燈籠紛紛亮起紅色迷濛燈光，「這就是我們印象中的東方情景呢。」他們不自覺沉醉在迷離氛圍中，慢慢走著。

唰唰唰・

阿爾卑斯山森林氣息就在鼻息跟記憶裡

以茶揚名海外的臺灣，對茶情有獨鍾的羅倫佐；來到中臺灣的南投，重頭戲，當然是希望能拜訪臺灣第一家獲得歐盟認證的有機茶園「K-tea」（碧廬茗茶）。茶園主人凱特（Kate）是家族第三代，她家前兩代都在此地種茶，她承繼祖業，目前擁有幾座茶園與製茶廠。

她們家的茶園分布在南投各處，依著不同海拔高度，種植不同的茶，例如在日月潭的茶園種植紅茶，奧萬大種烏龍茶，清境農場則是高山烏龍。會走上有機栽培，是在一九九九年的九二一大地震發生後，原本的茶園毀於一旦，加上長久以來對於環境生態理念的認同，家中長輩決定從頭做起的同時，順勢讓茶園轉型。土地需要休養生息，有蟲、鳥、老鼠來也不須趕走，而是利用大自然的共生法則，讓生物幫忙除草或吃蟲，完全不使用除草劑。

我們跟著凱特在蜿蜒、狹小的陡坡，車行抵達奧萬大的茶園。她教我們如何辨識已經成熟可摘採的茶葉、體驗採茶，參觀製茶廠，看烘乾、揉捻等製程。製茶廠的屋頂是一整片透明板，陽光可完全透下，非常明亮。我們看到茶農把茶葉放在一大片布上，幾位大漢抖動布面，去除茶葉水氣，過程中葉子發出「唰唰唰」的聲音，安德烈趕緊拿起麥克風收音。愛茶的羅倫佐正因親眼看到茶葉製程，興奮不已。

「這很像阿爾卑斯山森林散發的氣息，讓人無法停止深呼吸，這個味道及唰唰唰的聲音，我們永遠忘不掉。」

參觀完製茶廠，回到碧廬茗茶品茗，整個裝潢感覺就像家，舒服自在。「泡茶是我的日常生活，不是要靠茶來提神。我每天喝的第一口茶，反應我當下的心理狀態，如果我今天不開心，就只能品嘗到茶葉的六成風味。」凱特分享她的喝茶經，「當茶跟生活結合時，咖啡因就不會影響睡眠。」

熱愛烏龍茶的羅倫佐在店內初次喝到白毫，那是白茶，也是烏龍茶，讓他有了烏龍新體驗。一整天的茶園體驗，將兄弟倆之前因天候不佳、工作進度受阻的焦慮感消除大半，他們的臉龐滿是愉悅和滿足，剛硬的線條被臺灣茶軟化。

令人驚豔的創意苦瓜料理

在南投茶香之旅的當晚，我們到埔里金都餐廳用餐。位於中臺灣的埔里好山好水，也算是農業重鎮，除了知名酒廠，也出產茭白筍、白甘蔗、刺蔥與香菇等農特產。金都餐廳正是埔里享譽知名的地方料理餐廳，最大特色是採用在地當季食材，烹調出健康美味的好料理，我們吃得很盡興，也充分感受到在地人的熱情。因為我們未事先協調拍攝事宜，現場溝通後，店家就熱情同意拍攝部分廚師處理食材、烹調、擺盤的過程。

在一盤盤佳餚中，最令記者印象深刻的，莫過於苦瓜創作料理。

廚師的料理方式很特別，苦瓜剖半，一半當成食器，另一半去籽切片後，把鹹蛋黃加上太白粉裹在苦瓜片外油炸。

「慕瑾，苦瓜的苦味剛剛好，沒有油耗味。」記者覺得很好吃。

「這就是火候的功夫。」我說。

「請妳一定要帶我們去市場看看臺灣的苦瓜跟芋頭。」兩位記者露出充滿期待的眼神。

當天我們還吃到新鮮的茭白筍、桂竹筍，還有一道料理也深獲兄弟倆青睞，那就是融合了埔里野菜和當地特色的「蹄膀甘蔗筍」，下面以過貓和甘蔗筍鋪底，中間塞進打扁汆燙後加入梅干的紅甘蔗筍，搭配Q感佳的油亮蹄膀，不愧是店家特別推薦的佳餚。

「這中間加入梅干的甘蔗筍很有汁且不鹹。」餐桌上驚呼連連，說這類似酸菜的味道跟他們在歐洲常吃的口感不同。還有一道小菜「梅汁番茄」也頗受好評。廚師先把番茄用熱水汆燙剝去表皮，再用當地的梅子調味，製成梅汁番茄。

「這簡直是完美的中西融合。」來到臺灣他們才知道，原來梅子可以做成配茶的零食、製成果汁或入菜，冷熱皆宜，他們深深感受到臺灣料理的多元及精采。

在府城入住老屋新旅店

往南走的旅途上，我向對後續行程充滿期待的兄弟檔預告，接下來的臺南之旅，會特別邀請從小在臺南長大的國際藝術家暨料理美學家吳昌怡，一起帶著他們尋訪記憶中的美食、臺南老屋再生的藝術力，並體會臺南獨特的慢生活。我跟他們介紹，臺南是臺灣歷史最悠久的府城，當時聚集了相當多的人口，相較於臺北，至今仍維持較傳統的生活。

果然，一到臺南就看不到太多高樓大廈，許多懷舊小吃店隱身巷弄，有些老房子改裝成具特色的茶店或咖啡店。

「我們應該會喜歡這裡。」他們立刻感覺到生活步調變慢。考量到義大利人喜歡有風格的生活空間，特別安排他們住進老飯店改造的佳佳西市場旅店。這裡的每間房間設計，都分別融合了臺南特色，如老櫥櫃、米袋做的懶骨頭等等。巧合的是，負責報導的羅倫佐入住的房內，整面牆上都是書，他開心地說：「這就是專門為愛閱讀寫作的記者量身打造的。」至於負責攝影工作的安德烈房裡居然有攝影記者喜歡的光影設計，這也讓他眼睛一亮。我則住在唯一充滿女性氣息的紅娘布房，裡面運用的是早期臺南人士喜歡的小碎花布樣。我自己也非常喜歡這個有明亮衛浴、溫馨臥室的討喜房間，臺南很快就讓我們皆大歡喜。

旅店二樓有兩個分隔的公共空間，一邊擺放符合人體工學特殊線條的座椅，房客可以在這裡休憩、喝咖啡；另一邊隔著樓梯，大木桌前有一大片天窗，窗外就是一棵大樹，距離近得像是唾手可得，頗具巧思。

安德烈一到這裡便脫口而出說：「感覺很像在我家。」也因此，他們決定主動採訪旅店老闆，希望讓全世界都能看到這間美麗而獨特的旅店。「這裡很有生命力、很有機，有著很美好的傳承。」記者對佳佳西市場旅店的喜愛明顯，眉間神情顯露無遺。

現場烹調是王道

佳佳西市場旅店就位在西市場旁，來到臺南，不可錯過的當然是體驗傳統小吃。一安頓好，我們就跟著藝術家吳昌怡，開始她的私房美食小吃路線。那是昌怡從生活美學、飲食美學，及兒時到大生活記憶角度挑選的路線。

義大利人喜歡欣賞廚師在眼前料理，看到各種食物在面前變出來。來到臺南，不論是大小餐廳或路邊攤，廚師烹煮食物的實景再清楚不過，讓兩位記者簡直樂壞了。

「這是日常中很好的場景，我們很喜歡。」他們坐在小店內等食物上菜時觀察發現，店內有人負責招呼，有人擦桌、送餐，有人負責料理，完全就是團隊合作。我們從土魠魚、金得春捲吃到木棒碗粿，每一樣都跟當地人的生活緊密結合，

「臺南人真是懂得享受！食物分量都不大，分著吃就可以吃好多種。」羅倫佐說起他的觀察與享受。主要是跟義大利一樣傍海維生，但做出的料理呈現不同樣貌的生活型態。

之後又喝楊桃汁、鳳梨汁、青草茶，他們發現臺灣人很有趣，什麼水果或植物都可以打成果汁，其中他們最喜歡的臺灣水果就是芭樂，到哪都會問：「哪裡有芭樂汁呢？」因為有些水果他們覺得太甜，芭樂則剛剛好。

當他們看到蘆薈汁時，也驚呼：「蘆薈也可以？」他們認為蔬菜就是蔬菜，植物就是植物，很難想像可以打成飲料。

「還可以做成中藥呢。」昌怡笑著補上一句。

介紹臺南小吃時，我說，臺南人早餐吃得像皇帝，絕對應該體驗一下。我們

去安平的王氏魚皮店體驗臺南傳統早餐，吃鹹粥、虱目魚粥、魚肚、魚肉湯，還有昌怡特別推薦的炸魚腸。

「炸魚腸處理得非常好，口感脆又不膩。」羅倫佐說，這裡的虱目魚多是養殖，卻吃不出土味，他對於一家小店可以把食材處理得這麼好，感到意外。

傳統辦桌料理體驗

根據從小在臺南長大的昌怡說法：如果要體驗道地的臺灣料理及傳統用餐氛圍，絕不能錯過臺南阿霞飯店。

阿霞飯店至今仍維持傳統辦桌料理。菜色豐盛且大盤裝，盛裝一大隻一大隻龍蝦、整條魚，現抓現宰，當場處理烹煮，以保持原汁鮮味。

阿霞飯店目前由第三代承接，仍維持傳統作法，包括使用木頭圓桌，讓客人能圍著圓桌吃飯，但為了服務外國觀光客，店內也有英、日文菜單。

阿霞餐廳內人聲鼎沸，每個人都忙著跟家人或朋友聊天、吃菜、喝酒乾杯。「慕瑾，這裡吃飯沒有人低頭滑手機耶。」在記者敏銳的眼裡，他們覺得臺南人真的很懂得過生活。

既然是要體驗臺灣人特有的傳統辦桌文化，我們那天真的點成桌菜：紅蟳米糕、花跳魚湯、手工拼盤（蝦棗、蟳丸、粉腸、香腸熟肉）、生炒鱔魚、汆燙活蝦等，滿滿一桌。年輕老闆親自在廚房料理食材，之後再趕到桌前為我們解說。老闆的熱情招呼，也讓記者感受到臺南人的熱情。昌怡跟記者說：「我們小時候就是這樣圍著圓桌吃一大桌的菜，到現在我爸媽還是維持這樣的傳統。只要我們姊妹一回臺南，即使才五個人也是辦桌吃飯。」吃生炒鱔魚時，記者說：「很滑溜呢，不過臺南的食物似乎都帶甜味。」他們很快地發現臺南料理特色，覺得格外有趣。此外，愛米食的記者對臺南人用米製成的醋、米粉，也連聲讚賞，對於首次品嘗的米粉，不論煮的或炒的他們都愛。

隔天早上我們去逛水仙宮市場，看到販賣各種新鮮蔬菜和漁獲，尤其是大型石斑魚，他們從來沒見過這麼大的體型，目瞪口呆，一問才知道來自澎湖近海；陳列蔬菜的方式他們也覺得有模有樣，不斷詢問沒看過的蔬菜，那天總算讓他們看到新鮮的芋頭、苦瓜，安德烈當然沒放過鏡頭。有的區域賣熟食，有的區域賣生食，「慕瑾，這種交錯的組合，很像一道有趣的風景。」

這時，騎著三輪車在賣玉蘭花的小販緩緩經過，穿梭在市場，「這就是最美的相遇呀！」安德烈立刻拿起鏡頭，不斷捕捉畫面。

感受老屋的新魅力

前文提過臺南老屋興起改造風，變身旅店或咖啡館，為這座城市賦予一種特別活力，注入新的生命力。我們特別來到昌怡曾辦過創作展覽，後來成為她鍾

上／專注拍攝廟宇細節的記者。

下／臺南孔廟莊嚴的一瞬。

愛的 B. B. ART 藝廊咖啡館。這也是由老房子改建而成，一樓是藝廊，大量使用臺南骨董家具融合現代藝術，二樓是咖啡廳，三樓則是獨立藝術空間。老房子有天井，燦爛的陽光從上頭灑落，映照出光影，室內各個角落都有藝術創作及木質老家具，安德烈像是到了寶山，不斷取景拍攝。

喜歡夜生活的兩人即使當天拍攝到深夜十二點多，還是想體驗臺南夜生活，逛逛臺南海安路跟神農街一帶，因為這裡有些老屋改建成民宿或個性小店。

臺南的夜生活氛圍比較群聚，不過大多數都低調隱身在巷弄內，置身 Pub 感覺比較像一群好朋友在家聚會。

隔天，昌怡特別請當地朋友帶我們去一間位在小弄內的「禁菸的酒吧」真實體驗。這間酒吧屬狹長型，空間分成兩段，第一段空間的吧檯設計可讓客人圍繞著調酒師喝酒，站著聊天；第二段空間則多了獨立小桌的高腳椅，讓人能完全放鬆。這裡並不像一般酒吧喧囂，有不少女性客人。多數人在這裡跟朋友聚會交流，喝點小酒，放鬆舒服地聊天，並不會大聲喧嘩或拚酒。

「酒調得很棒，氛圍也很 Cozy。」羅倫佐即時評論，他跟我說，義大利人喝酒是一杯接著一杯，但不是乾杯，而是邊聊天邊享受美酒的歡愉，這裡的氛圍讓他們覺得對味。那天晚上，我看得出他們終於全然放鬆，還很開心地跟會講英文的客人聊到眼睛快闔起來還不想走呢！

我們也去另一間在臺南大學旁，有兩層樓高的老屋咖啡店「鹿角枝」，這兒原本是醫師的住家，昌怡從小都在這裡看病打針；後來轉讓出去，現在改為咖啡店。咖啡店外面有個雅致庭院，內部的樓梯狹窄且陡，鋪設有榻榻米、磨石子的地板。老闆很愛喝咖啡，他覺得咖啡應該慢慢啜飲，因此須搭配一個一走進去就可完全放鬆的懷舊空間。

「這是臺南傳統有錢人的房子。」我解說著。

「這地方感覺是急不得的。」這幾天他們在昌怡的優雅帶路下有感而發。雖然一路的拍攝行程很緊湊、工作時間很長，但來到這座古城，可充分感受到府城居民的緩慢生活美學。而且他們回到義大利後，第一件事就是捎訊息給昌怡：「我們在臺南得到最好的安排！」(We have got the best choice for Tainan.)

時尚美食的臺北體驗

回到臺北，不同於臺南的慢生活，他們在這裡感受到的又是另一種氛圍，一種時尚融合書香、咖啡香的生活品味。

與臺南相似的老空間再利用，在臺北較為知名的有：華山文創園區及松山菸廠文創園區，是目前作為推動文化創意產業之特別用地。記者們在其中深深感受到這股氛圍。

尤其是華山文創的好樣思維書店，最令他們印象深刻，好樣書店被評選為全球最美的二十家書店之一。書店門口綠意盎然，白色牆面搭配鮮紅色的拉門，一拉開門，室內全鋪上木質地板加上厚重的木頭書櫃，上面擺放各式中英文書籍，以及許多有年代的物件，如早期的老秤、舊式收銀機、簡單的園藝用具等，搭配老舊沙發椅，營造出懷舊溫暖的氛圍，讓人可舒服地在此消磨一下午。這裡除了各種書，還有許多充滿巧思的生活雜貨，連咖啡的品質也令人驚豔。

「這是此行我喝過最棒的咖啡了。」記者不僅喜歡書店整體設計感、氛圍，也愛上店內咖啡。不過，當他們試喝過我點的杏仁薑茶後，驚為天人地說：「這太特別了，把兩種截然不同的東西融合得這麼好喝。」記者再度感受到臺灣人的創意，杏仁跟薑是他們從沒想過的絕妙組合。

在臺北時，我曾帶他們去吃臺北的天下三絕麵食館，一嘗臺灣街頭最常見的庶民美食之一：牛肉麵。這是一家餐飲及烹調形式不同於傳統的頂級牛肉麵店，老闆認為吃牛肉麵不需要汗水淋漓，可搭配西式紅酒或白酒佐餐，營造出西餐的優雅氣氛。餐廳內裝設透明廚房，可以清楚看到廚師烹調過程。

一開始我們只是單純用餐，沒想到要拍攝，但記者覺得這裡的食物很精緻，又難得看到中式麵點搭配西方餐酒，吃了幾口後就請我跟店家溝通，希望同意讓他們拍攝及訪談。

這裡的牛肉麵清一色都是用四種番茄（黑葉番茄、泰國番茄、牛番茄和聖女番茄）、洋蔥以及牛肉熬煮出的湯頭，麵條都是手工自製的拉麵或刀削麵。兄弟倆各點不同肉質的牛肉麵品嘗，「極品牛腱的肉質當然更好，但是特級花腱

上／度小月體驗臺南小吃。
左下／都蘭糖廠藝術家。
右下／羅倫佐、藝術家吳昌怡及阿霞飯店老闆的合影。

的湯頭卻是一樣鮮美，都是樸實好吃。」兄弟倆交換著吃得很開心。

開始試拍時，出來招呼我們的是老闆的媳婦，她親切地拿出一些小菜供我們拍照、品嘗。這對記者兄弟檔雖然是美食美酒評鑑家，卻也對日式和泰式等東方食物瞭若指掌，但對首次造訪的臺灣食材顯然陌生。他們從沒吃過野菜，如過貓、山蘇等，看到這些蔬菜，覺得很新鮮。飯後甜點的芋頭湯也是初次品嘗，在之後的行程中他們陸續發現，臺灣人很喜歡將芋頭入菜或做成甜點。

後來我們到永康街，來臺前，記者們做足功課，他們知道永康街芒果冰的故事，夫妻倆胼手胝足努力經營，成功後，卻因感情不睦離婚，甚至打官司。

「哪家是本店呢？」在他們的疑惑中，我帶他們走到巷弄轉角處，跟他們說這就是本店，目前由妻子經營。

當一大碗芒果冰送到眼前時，他們驚呼：「分量太驚人了吧。」

「因為我們很重視分享啊，可以兩人共享一碗。」我笑著回應。

「那上面顯示的數字又是什麼？」果然是記者，好奇心濃厚。

「這是目前為止賣出去的碗數。」我解釋。

店家使用當季新鮮芒果，入口即化，連冰砂也是直接由水果製作，而非添加色素；再融入芒果牛奶冰，香甜可口。店內的客人源源不絕，「臺灣的天氣的確需要吃冰，不過也太大一盆了吧！」記者滿意地笑說。

義大利人一定會馬上喜歡的臺灣料理

提到吃，此行他們評選最愛的餐廳，跟許多外國人一樣，都把第一名給了鼎泰豐。

「每道菜都做得非常細緻，食材處理得很適切，皮可以如此薄，每一口咀嚼起來都可以聞到天然的麵香，一點都不做作的麵香。」記者如此傳神形容，他們最愛吃絲瓜蝦仁湯包，親眼看到小籠包名不虛傳的十八摺黃金比例更佩服不已，他們覺得這是可以讓內餡充分呼吸的空間比例。

至於他們最愛吃的第二名是鍋貼，他們的形容是：「水煎的，外皮酥脆，裡面湯汁不膩，本身味覺充分被滿足，根本不需要再加調味料。」抄手則是他們最愛的第三名。

當吃到木耳時，我特地提醒他們曾經在達邦部落步道看過，長在樹上，形狀像耳朵。

「慕瑾，當時妳說對了，木耳口感很好，料理後很美味。」他們發現臺灣人喜歡拿木耳炒菜或煮湯。幾乎每道菜都擄獲兩位記者的心，甚至連問餐廳服務人員兩次：「什麼時候去義大利開店？」

「你們確定義大利人會喜歡嗎？」我好奇問。

「非常確定，義大利人一定會喜歡。」記者說，因為義大利人喜歡吃精緻且原味的食物。

臺灣行的結尾，我特別帶他們去發跡於臺南，日前來臺北展店，位於南京東路巷內的光合箱子，英文名叫做 Daylight，全天提供有機早午餐。

一走進去，店內牆壁上寫著「慢食」二字，提醒客人要細嚼慢嚥，放慢腳步，這正與義大利人倡導的「Slow Food」不謀而合。記者瞭解後認真地點了頭，當然更拍下「慢食」的中文字。整家店使用冷色調家具，很有現代工業風的設計風格，卻跟原木裝潢巧妙融合，沒有多餘擺飾。更特別的是，老闆每天早晨親自去市場採買新鮮食材，自製店內所有麵包、優格；沙拉內一定至少有五種當天買到的當令蔬果，這五種蔬果冷熱混搭料理，再搭配蛋料理、自家製麵包、優格。

「在這裡，不論視覺或味覺都被滿足，又吃到時尚的健康及手作品味，令人安心愉悅。」記者享受完後，帶著一臉滿足回飯店打包行李，開心地結束這趟臺灣美食、茶香、風格之旅。

安德烈跟羅倫佐後來說：「如果妳來義大利，我們就邀妳到托斯卡尼，我們的度假莊園，享受在田野辦桌，大啖美酒美食的好生活。」我想他們此行感受到臺灣人跟義大利人對美好生活的共同信仰吧！

住宿最亮點——佳佳西市場旅店

臺南市中西區正興街 11 號

電話：06-220-9866

佳佳飯店當時是由全臺灣第一個女設計師所設計，隨著年代推移，老飯店逐漸隱沒在歷史洪流中。多年後，由臺灣知名建築師劉國滄先生，賦予老飯店新生命，結合二十多個設計師，企圖把臺南人生活情景以及生活品味都融入旅店設計。

美味最亮點——臺北／光合箱子

臺北市松山區南京東路三段 303 巷 8 弄 5 號

電話：02-2719-8851

以日光為由，以自然、簡單為料理主軸的早午餐店。堅持手工自製，各類沙拉均有十種左右的蔬菜水果，相當澎湃。

茶味最亮點——

臺北／九份茶坊

新北市瑞芳區基山街 142 號

電話：02-2496-9056

　　九份第一家百年古厝茶坊，以「茶、陶、畫」為主軸的經營理念。茶坊主人——洪志勝，將「翁山英故居」這棟見證九份百年滄桑的老建築，從保存的角度整建修成充滿人文風情的茶館，除了充滿藝術感，更可以品茗觀海。此外，九份藝術館、陶工坊、水心月茶坊皆為兄弟店。

夜色最亮點——

臺南／TCRC 老屋酒館

臺南市新美街 117 號

電話：06-222-8716

　　這間位於大天后宮旁的酒吧，就是外國人心目中最酷的酒吧，不接受訂位，但非常值得一遊。

義大利美食節目十天行程

day 1 天下三絕牛肉麵

day 2 法鼓山→野柳→三明美食海鮮午餐→九份茶坊／水心月茶坊→基隆夜市，夜宿：Simple Hotel 敦北館（設計旅店）

day 3 樹生休閒酒莊→日月潭：向山遊客中心→文武廟→金都餐廳，夜宿：雲品飯店

day 4 參觀奧萬大茶園及埔里製茶：碧廬茗茶→阿里山達邦部落，夜宿：秘密遊民宿

day 5 臺南孔廟→赤崁樓→金春得春捲→富盛號碗粿→開元土魠魚→ BB.ART 咖啡→阿霞飯店，夜宿：佳佳西市場旅店

day 6 王氏魚皮早餐→安平老街→四草生態之旅→吉品蝦仁飯→鹿角枝咖啡→度小月晚餐→赤嵌樓附近小酒吧夜生活

day 7 樂朋鵝肉＋紅酒→永康街芒果冰→中正紀念堂→臺北 101 →鼎泰豐 101 店

day 8 義大利美酒品嘗推廣會

day 9 龍山寺→迪化街→好樣下午茶→遠東香格里拉專訪義大利籍主廚→寧夏夜市→先酒肴日式酒吧

day 10 松菸文創園區→光合箱子 Brunch →搭機離臺

居遊三十天，尋找臺灣在地生命力——德國記者夫妻的深度之旅

二〇〇九年，一對來自德國漢堡的記者夫婦應觀光局邀請，來臺灣展開一個月參與在地生活的旅行，目的是協助製作二〇一〇年柏林旅展的臺灣觀光宣傳特刊。少有記者能有一個月時間，可以好好觀察與體驗臺灣，透過他們敏銳的感官，挖掘出更多樣的臺灣面貌及旅遊精華，讓全球更多人認識臺灣，吸引他們抵臺旅遊。我永遠記得記者在旅途中說的一句話：「慕瑾，妳的故鄉這麼美麗，妳應該感到驕傲的……」每當我帶著外國旅人在路上，或是跟親朋好友行走全臺時，心中常常浮現這句最真實的感動。

這對記者夫妻，男記者保羅是出身荷蘭的知名攝影師，經常受各國觀光當局邀請拍攝當地最好、最具特色的旅館以及美食。女記者Kiki則是來自德國的美食家、文化觀光宣傳以及資深評論家，每年在德義法境內組團帶德國人品美酒、啖美食、饗宴人文自然風光。他們深愛旅行，常一起受邀參加採訪攝影的踩線團（Familiar tour）。

他們在二〇〇九年十一月底左右來臺灣，抵達臺北當晚由臺灣觀光界教父，也是當時亞都麗緻飯店總裁嚴長壽先生親自接待，在天香樓共進中式晚餐。嚴總裁跟初來乍到的記者分享臺灣觀光的發展，並推薦心中適合國外旅客造訪及體驗之處。

在一個月的旅程中，為了滿足替歐洲人挖掘臺灣旅遊、健行、美食、人文體驗的亮點及路線，原先設計的行程完全翻轉。我每天晚上跟他們討論及調整，隔天開了車就上路，四處約訪相關人士及團體，這是一次前所未有的「行動行程」，為的就是尋找臺灣生命力。

黃金稻穗、廟宇、火車鐵軌畫出的花東縱谷

稻米是臺灣主要糧食作物，花東地區更是許多優質好米的產地，來到臺灣當然要好好品嘗米食；加上每年十一、十二月是臺灣的收稻時節，此時東臺灣許多地方都呈現稻浪迎風的美麗景色，這景象恐怕連很多臺灣年輕孩子都沒見過。我很希望讓他們親眼看看這難得的美景。在臺東池上，大多農夫都已採機器收割，但我們幸運地正好遇到農民下田彎腰割稻，畫面難得，擔任攝影的保羅見狀立刻拍個不停。

一大片黃澄澄的稻穗，隨風搖曳，稻田旁邊有座小廟宇，遠方地平線上一列火車駛過，稻米、火車鐵道和小廟，組成一幅美麗的農田景觀，「這很有辨識度，我走遍世界各地，只有臺灣的稻田可以看到廟以及鐵路，這是其他地方不會看到的特殊景觀。」保羅嘖嘖稱奇。

他好奇地問：「這是妳提到不少次，保護地方的土地公廟嗎？」

臺東池上拜的是關公，不是土地公。

「這不是土地公廟，而是關公。」我說。這裡的人希望得到關公守護，保佑他們農作物豐收、事業發達。

臺灣加入WTO之後，因為稻米開放進口，臺灣稻農擔心失去競爭力，努力激發創意，推動米食文化，希望能走出一條生路。臺東池上這幾年積極推動米食文化，當地農會發揮創意研發米食，做出各式料理，如甜點、冰棒、米蛋糕、米餅等，吸引觀光也創造經濟產值。

我帶著這對記者夫婦在臺東大坡池走走逛逛，用野餐方式吃美食，體驗池上便當、放山雞及米食大拼盤等，他們尤其喜歡米蛋糕，「很難想像可以用米取代麵粉，吃起來口感也很細緻。」同時也品嘗臺東著名水果──釋迦，從來沒吃過的德國女記者一吃就愛上了釋迦的果肉厚實、鮮美香甜。當我與她在機場話別時，她手裡就提著兩袋臺東鳳梨釋迦，一臉開心，而她回到德國寫給我的第一封信更提到：「親愛的，我正啜一口臺灣烏龍茶，搭配釋迦，我把釋迦切成一半再剝開，細細品嘗來自臺灣的美味……」

在鄉居與傳統生活相遇

為了體驗農村生活，我們特別選了池上一間民宿「莊稼熟了」。這是由返鄉務農的年輕人建造，童年的稻浪、米香及濃厚的人情味將他從城市召喚回來。他用穀倉的概念，使用當地建材如木頭、漂流木等搭建民宿，甚至用漂流木做成斜度約四十五度的梯子，二樓則是房間。Kiki 動作敏捷爬上二樓，從房間窗戶往外望，整片農田就在眼前，視野遼闊。我們住在這裡兩晚，好似生活在農村中。有一天早上，我發現保羅眼睛瞪很大地躺在床上，好似整夜沒闔眼，原來是因為屋外公雞清晨三點多就開始啼叫到天亮，讓他完全無法入眠。

民宿主人發揮巧思，把昔日豬舍改成餐廳，用米做米苔目、麻糬，還帶我們在農地上堆窯烤地瓜，「從田野取材，自己動手做的就是簡單好吃的美食。」

在前往初鹿牧場及臺東原生應用植物園區的路上，我們又巧遇了一幅迷人的日常景象：田野中有一群大人小孩正在採收杭菊，Kiki 特別請我詢問他們是否

外國人最好奇的事 ／ 這裡是歐洲嗎？

清境農場一帶，放眼望去，多數民宿都是歐式建築，有莊園式的，也有古堡建築等。外國旅人常跟我說：「慕瑾你看，這實在太 Funny 了，我們好像回到歐洲。」臺灣為什麼在清境蓋這麼多歐式莊園，他們覺得實在太奇怪了。「臺灣人好像很想變成別的地方，其實清境的條件非常好，絕對不輸歐洲，可以有自己的風格。」此外，他們看到當地人過度開發山坡、種滿高麗菜等更覺不可思議，「難道你們不會擔心過度開發會對水土保持造成破壞嗎？」

「臺灣人很隨性，Easy going。」我往往只能轉個角度說。

為一家人，經詢問後果然是幾家農戶利用假期帶著小孩一起採收，「這是很好的家庭活動，向大自然學習，一起收成跟分享。」Kiki 說著，保羅則在旁邊專注紀錄這幅畫面。「我可以感受到臺灣人重視家庭關係的氛圍。」

二訪阿里山・雲海、日出、茶葉採收一次入鏡

「阿里山的姑娘美如水啊……」還沒來到阿里山之前，我就跟德國記者夫婦提到臺灣有一首家喻戶曉、傳唱數十年的歌，引發人們的無限嚮往，連同雲海、日出、神木的絕景，讓阿里山成為海內外觀光客來臺必訪的景點。

當我們第一次到阿里山半山腰時，夫妻倆看到連綿不絕的茶園，馬上說：「如果能拍到採茶的畫面一定很棒！」快到森林遊樂區時，林相轉為高聳的樹木，

莊稼熟了民宿的鄉居體驗。

車外的風已經有陣陣寒意，雲霧時有時無。「這段路的生態、氣候千變萬化，我們已經在期待能拍到更多美景了。」沒想到，一到山上就下起不停的大雨，拍不到一絲陽光穿入的畫面，更別說雲海或是日出；他們不氣餒地說，一定要再回到阿里山。

在 Kiki 先回德國寫稿的那段期間，保羅繼續在臺拍攝，我們第二次再上阿里山。這回很幸運地，將雲海、日出及即將進入尾聲的採茶畫面一次入鏡。

當車行於彎彎曲曲的山路，眼尖的保羅突然看到採茶女穿著碎花衣出現在綠色的茶園中，我們趕緊開到靠近茶園處，下車看看採茶過程。「為什麼是女生採？」「女生的手才夠細，才能準確揀選採葉。」我回應了他的好奇。同時，我們也發現這裡有很多新移民女性，通常是臺灣人從東南亞國家娶回來的臺灣新住民。我告訴他，每天早上天未亮，採茶姑娘就整裝出發，在下午起霧前必須採完，一組有十多位女性。採茶需要良好技術，技術好的可一次採收很多。

「沒有想到採茶這麼辛苦，可是看到她們臉上如此真誠的笑容，很有成就感的模樣，這畫面實在太美了。」後來他完成的柏林旅展臺灣觀光宣傳特刊，封面正是採茶女開心採茶的畫面。Kiki 在信中告訴我：「那是屬於臺灣人滿足的笑容，非常動人，真希望那時我跟你們在一起。」

體驗潮間帶覓海帶、螃蟹．海上夜市捕魚苗

體驗，是這對德國記者夫婦認識臺灣的方式。為了能深入瞭解靠海維生的生活，我們來到花蓮豐濱鄉，跟著阿美族知名創意料理廚師陳耀忠體驗捕魚苗、覓海帶。

陳耀忠是在地原住民，本來在外地餐廳掌廚，因受到許多限制無法發揮天分，回到故鄉創業。他的創意無限，擅長使用在地食材，烤海鮮或山豬肉，設計出類似懷石料理的無菜單料理。山林與大海，就是他源源不絕的創意來源與食材

寶庫。我們打算跟著陳耀忠的採集路線，他採集到什麼，就烹煮什麼。

這天，天還沒亮，約清晨三點，我們就跟著陳耀忠去位於秀姑巒溪出口處的靜浦村海邊，用大竹竿加上三角漁網撈魚苗；等退潮時，則在潮間帶撿海菜、海帶、小魚及小螃蟹。

「這是原住民的智慧，不使用現代機具或船隻，一晚就能捕撈這麼多的漁獲，真是令人佩服，不過，這種方式也很危險啊。」記者夫婦看著原住民以自製的簡易三角漁網在潮間帶捕撈，感觸很深。

陳耀忠常使用在路上撿到的櫻花樹枝或浮木擺盤，有一次還用衣架曬魚皮呢。坐在餐廳內，能聽到海浪聲，緩步到外面走廊，還可就著陣陣襲來的海風享受佳餚。

我們邊欣賞著用漂流木製成的桌椅以及內部空間擺飾，邊等美食上桌，這時陳耀忠送上料理。食物可口不在話下，他還把小甘菊切一半，配上一朵櫻花當盤飾，秀色可餐。最令記者夫妻印象深刻的是，送來美食、美酒的同時，陳耀

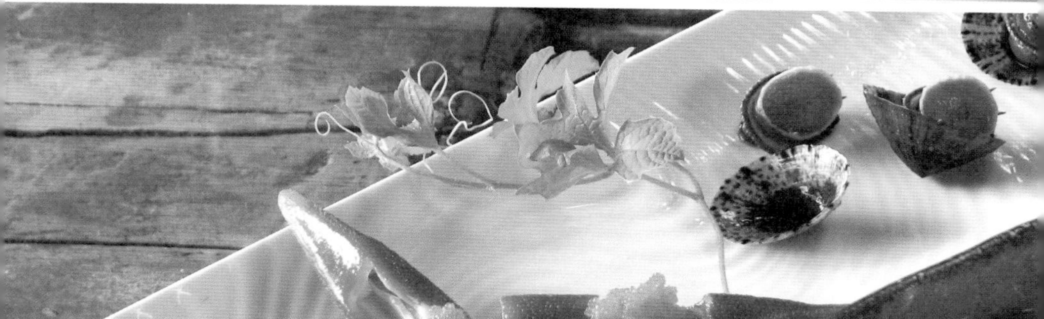

知名主廚陳耀忠的無菜單創作料理，每道菜都是即興創作的藝術，令人驚豔。

忠用自己做的樂器即興彈奏，高歌一曲，遼闊的嗓音在餐廳內繚繞不已。「這一餐實在是美好生活及豐盛美食的享受。」記者夫婦笑得合不攏嘴。

三百六十度雲海的感動

我很希望能讓更多外國人看見臺灣的山林美景，於是向保羅推薦，除了阿里山廣為人知的雲海，合歡山更是不容錯過。這兒的雲海是臺灣少見，三百六十度，讓人彷彿置身潑墨山水之中；加上合歡山區也有許多步道可以探訪，生態豐富，值得一訪。

合歡山主峰車行即可到達步道入口，我們初次抵達，雲霧環繞，能見度低，「慕瑾，妳快看看，我幾乎都看不見自己的手指頭了。」保羅像個孩子般興奮地呼喊著。不過雲海美景沒那麼容易看見，直到我們第三度上山，才終於看到壯麗雲海。

當天，我們在合歡山頂從下午兩點坐到六點半，溫度從攝氏二十度到下山時只剩五度。陽光從數座百岳間露臉，雲霧被吹散，眼前終於出現了三百六十度的雲海美景。

「我走遍世界各地，看過很多雲海，但從來沒有看過三百六十度的雲海。這是我在臺灣這段期間最感動的時刻。我深深感受到大自然的禮讚和賜予，靜靜享受山林、日落，感覺整個人身心都被大自然的此情此景喚醒。」保羅在拍攝之餘不斷讚嘆。他坦言，一開始心想看雲海有什麼特別呢？因此有些不以為然。沒想到，眼前壯闊之美令他不敢置信。

我們漫步合歡山區，看到很多臺灣特有的植物、鳥類等，自然生態豐富，而且合歡山還有很多便民的登山步道，不須轉搭交通工具，保羅認為，這對於愛好自然與山林的歐洲人有著絕佳吸引力。

下山後，我們住在清境的一間民宿「雲南風情」，入住完全用枯木、樹枝打

外國人最好奇的事 ╱ 臺灣人不在海邊游泳嗎？

臺灣四面環海，許多外國人很喜歡墾丁，我有時會帶他們去一般觀光客不會去的珊瑚海岸以及一處白色沙灘。來到這片白色沙灘時，他們非常喜歡且覺得很特別，卻出現一個疑問。

「為什麼這裡不開放游泳呢？海灘不是應該讓人游泳嗎？」伴隨這疑問他們也觀察到，臺灣人不太在海邊游泳，好像只在某部分海域游泳。「對，我們在海邊通常是玩水，如果要游泳多半會去游泳池。」我想，這可能跟從小教育有關，我們不被鼓勵去海邊游泳，也沒有完整的水上安全教育。

外國旅人

遇見

臺灣驚豔

左／置身合歡山拍攝雲海的保羅。
右上／宜蘭不老部落織布少女。
右下／初鹿偶遇採收杭菊人家。

造而成的樹屋。這間樹屋完全從大自然取材，因為每一根枯木長短形狀皆不同，整間樹屋的造型也呈現不規則，而非一般方正的房間。最棒的是，床鋪上方有一個天窗，打開就能看見滿天星斗，伴隨著星光入睡。我告訴保羅，這間民宿的男主人是臺灣人，很多年前去雲南旅行時，認識了住在雲南南部西雙版納的妻子，兩人墜入愛河後，一起在臺灣建立家庭，結婚至今已二十年。民宿男主人是臺灣很早期的素人藝術家，喜歡美的東西，樂於創造居住空間與擺設，女主人則擅長道地的雲南料理。

跟民宿主人品味生活

這對德國記者夫婦很喜歡與在地人互動，好比這趟旅行，他們幾乎都選擇住民宿，而不是飯店。當中有幾間民宿令他們難忘，其中一間是位在花蓮新城的汎水凌山花園民宿——這是一間與植物共生、充滿生活美學的民宿。

民宿女主人石汎凌是花蓮人，喜歡種花、畫畫、織毛衣，頗具藝術家性格。她改建老屋，並親自設計整棟建築物，運用石頭、漂流木、藤籃、麻袋、竹製風鈴等自然素材布置內部空間，並搭配老家具擺設。戶外則有魚池，種植些香草植物，木條搭建成的屋簷掛著花草植物。當陽光從木條空隙落下，草木扶疏，花影映照，一切素樸靜謐。每個房間的風格不一，有個房間可以打開天窗望見星空，白天光線透過天窗灑滿房間，曬著暖暖的太陽，整個人也活力滿滿。

他們充分感受到民宿主人將自己對於美與生活的熱情都融入建築與裝潢，女主人的用心，加上自己的藝術收藏，讓整間民宿變成一座小小的生活博物館，住在其中，生活品味自然浮現。

另外一間令他們印象深刻的民宿，則是位在南投魚池鄉日月潭附近的富豪群渡假民宿，靠近伊達邵碼頭。

整間民宿堪稱女主人的藝術創作，不論畫作或料理都很有獨特風格。一座座

外國旅人

遇見

臺灣驚豔

汎水淩山女主人巧手布置，讓人不想離開的舒適空間。

小木屋用遠從海外運來的原木建材搭建，外頭則是石頭鋪成的路面。挑高的大廳，擺放古典華麗風的沙發、吊燈，大廳內四處可見許多特色木雕品、畫像等。民宿的前庭設計也頗為講究，主人用色彩繽紛的花卉植物，打造出一座浪漫的庭園。

除了視覺享受，味覺饗宴更是一絕，尤其是民宿女主人端出的水果料理。臺灣是水果王國，女主人擅長用釋迦、鳳梨等水果入菜，結合如鳳梨跟山豬肉、釋迦與雞胸肉等巧思，讓兩位記者入口後驚呼連連，這都是他們從未品嘗過的鮮滋味。

臺北·探索城市的時尚靈魂及創意能量

長達一個月的臺灣旅行，除了環島，臺北當然也是一大重點。

體驗臺北的夜生活前，我先帶他們到清粥小菜名店「小李子」用餐。我一路上還指給他們看全天無休的漢堡店、便利商店等，這對每天晚上七點前多數店家皆已打烊的歐洲人是很新奇的體驗。

我們在小李子點了約十盤小菜，「臺灣的飲食能讓人少量品嘗多樣食物，真是享受，尤其是宵夜，吃得真舒服。」夫妻倆非常喜歡在近深夜時還能品嘗「輕食」的體驗。接著到觀光客必訪的誠品書店，體驗臺北獨有的二十四小時次文化，這裡是臺北人深夜喝咖啡、看書的所在。我們分別去了敦南誠品跟信義誠品，尤其敦南誠品，更可以順便體會臺北夜生活。

我也帶記者去西門町，並告訴他們，這裡算是年輕人聚集處。他們在這裡觀察到一種很有趣的文化交融：招牌、街道與街上的人們穿著很日本、店家傳來了西方的流行音樂，卻實實在在搭配著臺灣本土的口音與小吃店，走在街上，會令人一時忘記自己置身何方。

距西門町不遠處的迪化街，則是臺北的另一處懷舊景色。我們沿著迪化街踱

擅用水果入菜的富豪群水果餐。

步，來到也供奉著月下老人的城隍廟時，Kiki跟著我四處轉，聽我解說拜月下老人的程序及信徒的還願方式，保羅則在香爐前拍照。不到五分鐘，已經有好幾位義工或信眾主動詢問保羅是否需要幫忙，「我感受到臺灣濃厚的人情味，才五分鐘耶，慕瑾。」

臺北不只有都會風貌，我帶他們去木柵老泉山，拜訪優人神鼓山上劇場，感受結合「道與藝」、融合東方及現代獨一無二的表演藝術。德國記者夫婦跟著優人神鼓一整天，早上在山區運動，聽蟲鳴鳥叫、聽風的聲音，在林間散步，練習打禪，體驗如何靜心，與山林一起呼吸，也跟優人神鼓一起吃團員自己準備好帶上山的午餐，在休息聊天當中瞭解他們的創作理念、結合藝術與工作的生活及創團精神。他們觀賞優人擊鼓的力與美，鼓聲及他們的肢體舞動迴盪在我們的耳邊及心田。

「禪鼓有著非常東方的感覺。」保羅說，同時還問了一個有趣的問題：「他們只能喝茶不喝咖啡嗎？」

我忍不住笑了出來，其實優人神鼓有他們自己開的三六咖啡館，「他們把禪鼓當成修行與工作，不表示只喝茶，不喝咖啡。」我知道這對德國記者夫婦很喜歡臺灣茶，尤其愛喝阿里山烏龍茶，他們在臺灣完全不喝咖啡，只愛品茗。也因此，我特別帶他們到擅長以茶入饌的茶餐廳竹里館。「這太聰明了。」他們覺得竹里館懂得運用不同的茶葉特性，融入不同肉類中，調配出相得益彰的茶料理，例如：滇紅子排、鐵觀音燻魚、包種茶醉雞、普洱宮保菲力等，他們很意外茶葉除了喝，居然也能用於烹飪，且如此美味。

這對德國夫婦在臺灣一個月，不只愛上臺灣烏龍茶，更迷上各種蔬果、果乾，例如水蜜桃乾、芒果乾、蘋果、水蜜桃，以及高麗菜。每天一定要來一盤炒高麗菜、吃新鮮水果，回德國時行囊裡更裝滿一包包水果乾，顯見他們對臺灣水果、果乾的喜愛。

跟德國記者相處一個月，讓我們成為好友，經常寫信聯絡。Kiki 寫給我的信內提到：「我們經常在世界各地報導，可以從導遊看出一地的文明水準，沒想到初次到臺灣，就遇到一位這麼懂得享受生活及對自己土地充滿熱情的導遊，因為妳，我們才能有最在地的深度體驗，真是太幸運了。」

另一封信中保羅用感性口吻寫著：「現在德國漢堡天氣寒冷，外面下著雪，我正泡上一杯臺灣的烏龍茶，輕輕啜一口茶，我想起在遙遠的臺灣的妳，也想起阿里山採茶姑娘燦爛的笑容，這些美好的回憶都在我腦海裡不斷縈繞……」

二〇一三年，我帶十三位臺灣旅人到德國旅遊，他們特別邀請整團十四人到他們家造訪、體驗道地北德料理，保羅拿出當時在臺灣拍的照片。團員看到時不斷誇獎他攝影技術真好。這時，他竟然說：「我的鏡頭沒有那麼神奇，是你們的家鄉本來就如此美麗，你們應該要珍惜。」是啊，或許是當局者迷，我們容易只看見臺灣的缺點與紛亂，忘了身處這片土地的美好。這些來自臺灣的朋友，各個充滿感動與感恩，反思我們自己與這片土地的新關係、新視角。

民宿最亮點——
臺東／莊稼熟了

臺東縣池上鄉萬安村1鄰1-2號

電話：08-986-1412

建築大量使用天然木材，在房裡還能聞到木頭香，而民宿的外觀爬滿藤蔓，看起來就像童話故事裡的森林小屋。最厲害的是，民宿本身空間不大，置身其中卻覺得心胸開闊，一點都不會有壓迫感，設計民宿時巧妙地讓民宿與環境結合，把美麗的山野稻田美景借到屋內。

民宿最亮點——
南投／雲南風情景觀山莊

南投縣仁愛鄉榮光巷50之1號

電話：04-9280-3577

坐落於省道臺十四甲線，獨特的漂流木所營造的庭園風情、別緻的優伲樹屋、雲南十八怪風味餐，讓民宿聲名遠播。走進「雲南風情」立刻被獨特的原木庭園造景深深吸引，而主人的愛情故事更是一聽就難以忘懷。

民宿最亮點——

花蓮／汎水凌山花園民宿

花蓮縣新城鄉佳林村2-1號

電話：03-826-1989

位在花蓮新城的汎水凌山花園民宿，這是一間與植物共生、充滿生活美學的民宿。

民宿最亮點——

南投／富豪群渡假民宿

南投縣魚池鄉水秀街8號

電話：04-9285-0307

位於南投魚池鄉日月潭附近的富豪群渡假民宿，除了交通便利，住宿環境優質，更以水果餐聞名。

茶味最亮點——

臺北／竹里館

臺北市松山區民生東路三段113巷6弄15號

電話：02-2717-1455

創立於一九九六年的竹里館，秉持著宣揚臺灣傳統口味的烏龍茶以及開發以茶入饌的精神，開發出多種茶料理。由黃浩然先生創立，目前專營茶藝。

德國夫妻一個月行程：

day 1 亞都麗緻飯店：天香樓晚餐

day 2 信義誠品→鼎泰豐總店→永康街區→西門町及士林夜市

day 3 故宮→優人神鼓初體驗→食養山房（茶席及用餐）

day 4 花蓮太魯閣（九曲洞、燕子口、長春祠），夜宿：布洛灣

day 5 花蓮太魯閣（砂卡噹步道、文山野溪溫泉）

day 6 太魯閣→合歡山→魯媽媽擺夷菜午餐，夜宿：清境雲南風情民宿

day 7-8 日月潭（單車環潭、文武廟、慈恩塔）→富豪群民宿水果入菜午餐→邵族歌舞表演（逐鹿市場），夜宿：涵碧樓

day 9 鹿港（廟會及小吃）→阿里山

day 10 臺南（孔廟、赤崁樓、安平古堡周邊）→度小月晚餐，夜宿臺南大億麗緻

day 11 高雄美濃紙傘→粄條→旗山老街及香蕉冰，夜宿：佛光山

day 12 墾丁（森林遊樂區、白沙、貓鼻頭）

day 13 東海岸：加路蘭戶外漂流木藝術→都蘭藝術村→三仙臺

day 14 東海岸：跟陳耀忠清晨抓魚苗→早上石梯坪潮間帶覓食材→中午享用無菜單料理，夜宿：臺東池上莊稼熟了

day 15 池上大坡池米食體驗及冬季收稻拍攝，夜宿：花蓮汎水凌山

day 16 花蓮太魯閣號回臺北→臺北好樣公寓採訪→敦南誠品

day 17 高雄蓮池潭→阿里山

day 18 阿里山（日出、雲海及採茶）

day 19 日月潭→合歡山（主峰雲海）

day 20 石門山日出→太魯閣山谷音樂會

day 21 宜蘭不老部落

day 22 北投三二行館→地熱谷→北投文物館

day 23 永康街老張牛肉麵→青庭誠品店→木柵優人神鼓演出

day 24 鶯歌陶瓷→三峽老街

day 25 迪化街、龍山寺及保安宮

day 26 忠孝東路街獨立品牌商店→臺北好樣書店

day 27 臺北 101

外國旅人

遇見

臺灣鷺鷥

愛的承諾一

在旅行中生活的美國家庭

很少有外國人家庭旅遊會選擇臺灣，而且又是一次帶四個小孩同遊，對我來說是難得的初體驗，也是一項新挑戰。

熱愛旅遊的太太艾蜜莉，當初因為傑夫說了一句：「和我一起享受旅遊人生吧！」覺得自己遇到命中注定的另一半。沒想到，任職於美軍的傑夫輪調世界各地，全家人長駐海外，隨著女兒們陸續出生，擁有旅遊靈魂的艾蜜莉卻被困在美軍眷屬的社群之中，負責教書及照顧家庭，她的夢想漸漸黯淡。這一趟臺灣之行，是傑夫兌現求婚時的諾言，同時也是夫妻倆和四個女兒們一起在旅途中相伴與成長。在旁邊看著的我，感動著、紀錄著，這些滿滿的愛。

二〇一五年三月二十日，臺灣的旅遊淡季，哈爾密克夫婦帶著四個女兒，十三歲的葛麗絲、十歲的莫莉、六歲的艾薇和才兩歲的蔻拉，一家六口從沖繩飛抵臺灣，這是他們全家首次的海外長途旅行，預計待上十一天。

「為什麼選臺灣呢？」我不禁好奇。

「友人告訴我們，臺灣很多樣化，風景漂亮，很多好吃的食物，戶外和水上活動都很發達。而且在淡季的時候，沖繩飛到臺灣比較便宜。」傑夫的回答坦率又務實。

的確，一家六口飛往國外旅遊一趟，光機票就得花一大筆錢，選擇來臺相對花費較低。對話中我還發現，他們熱愛大自然，喜歡所有的島嶼，熱衷游泳、潛水等水中活動，全家都是那種隨時背起包包就能出發旅行的人。

教養，就在生活中

三月的臺灣，濕濕冷冷，雨滴答不停，氣候不穩，原本他們預定的重頭戲：前往綠島潛水，因為起飛當天能見度低，航班取消無法成行，我連忙調整後續行程，並試著說明原委。沒想到，傑夫平靜地說：「我們選這時來玩，一開始就知道要承擔天氣較不適合水上活動的風險，這是我們要接受的，不論晴雨，都是上帝的恩賜。我的家鄉奧勒岡也經常下雨，晴天不須太興奮，雨天也不必太失落，享受當下的美好就好。」

坦白說，我真心讚嘆這一家人，我開著九人座加長型車子帶他們從北到南，從北海岸的龍洞、宜蘭傳統藝術中心、羅東夜市、花蓮太魯閣、臺東知本到屏東墾丁。這八天當中，為了因應天候和交通問題，得不斷更動行程，我從沒聽到他們夫妻抱怨或為了安撫孩子情緒而吵架，透過跟他們相處，我反而像天天上著一堂堂有趣的課，見識到這家人的好教養。

我上的第一堂課是：尊重。

即便是年幼小孩，他們也給予尊重。以傑夫的經濟能力，住條件更好的旅館不成問題，但在太魯閣他卻選擇住在青年活動中心，不是為了省錢，而是擔心小孩吵鬧聲影響其他房客。「這是我們的責任，也是孩子的責任。」從這句話中，我聽見了他將孩子視為獨立的個體，尊重她們的自主權，也讓她們為自己負責。整趟旅程，他們一家人總會先充分討論、開家庭會議溝通，讓孩子真心接受安排及變動，不因少了什麼行程而沮喪或抱怨。

車陣中．娓娓道出繽紛熱鬧的民間信仰

譬如我們準備出發到北海岸龍洞，欣賞北海岸特殊的地貌，當快到龍洞時，遇到前方大車禍，塞車塞了半小時，原本我還擔心小孩子坐不住而吵鬧，沒想

到傑夫緩緩打開車窗對著全家人說：「讓我們來欣賞廟宇吧。」往窗外看去，前方有座小廟，「這應該是很知名的廟宇吧？看起來金碧輝煌。」傑夫帶著期盼的眼光問我。

我瞄了一眼，邊控制方向盤邊回答：「可能要讓你們失望了，其實只是保佑這個地方的土地公廟，未來幾天一路上我們還會不斷看到許多廟宇，你們可能問到第十座廟，答案還是當地的一座小廟。」

看著他們一頭霧水，我繼續解釋介紹臺灣的民間信仰，如果廟的外觀有飛龍裝飾，就是道教廟宇，裡面也可能供奉觀音菩薩，不過，觀音菩薩屬於佛教喔。在臺灣，佛、道教的神明常被共同祀奉在同一座廟宇，對一神教的西方人來說，這種宗教上的包容性挺耐人尋味的。

「這麼多神，那要怎麼分呢？」他們覺得很有意思，繼續追問。

我說，臺灣的神可忙碌了。臺灣沿海很多人靠海維生，需要神明保佑，所以要拜媽祖；想生小孩，就拜註生娘娘；想找伴侶，會去拜月下老人；想健康不生病，就拜華佗或藥師佛；想考試過關、金榜題名，會去拜文昌帝君……拜完後如果要許願，要擲筊，有三次機會，如果是笑杯，表示……

就這樣，雖然被卡在車上半個多小時，一家人卻興致盎然聽我講臺灣的宗教特色與民間信仰，聽得津津有味，沒讓塞車壞了遊興。

旅途上「速食」午餐，就從便利超商開始

為了真實體驗臺灣生活，他們每餐都選擇吃臺灣食物，但為了讓孩子也能接受，特別是老二莫莉對海鮮過敏，接近用餐時間，就會在車上開起家庭會議，全家一起討論待會兒要吃什麼。

這天我們開往雪山隧道之前，一家人決定吃 7-11，這也是他們在臺灣的便利商店初體驗。

一進入超商，除了兩歲的蔻拉，其他人各自去挑想吃的東西。這時，莫莉跑到我面前問道：「Miss Lee，妳有沒有覺得好吃的東西，可以推薦給我呢？」

「妳想吃哪類的食物？冷食還是熱食？冷食像是三明治，熱食的話有很多可選……」我彎下腰，笑著回問面前這個可愛靈動的女孩。

「我想吃熟食。」莫莉邊點頭邊補充，「對了，我對海鮮過敏喔。」

「這是雞肉咖哩飯，妳喜歡嗎？」我在冷藏食品區旁協助她挑選。

「喜歡，我還想喝果汁。」莫莉說。

結果，三個女孩不約而同都挑了裡面有果粒的果凍，她們誤以為是果汁，所以也沒拿湯匙，打開來，才發現跟自己想的不一樣。

此外，老大葛麗絲還拿了肉醬麵，夫妻倆都不約而同地拿了三明治，艾蜜莉則多挑了一個三角御飯糰，我教她跟著步驟說明打開包裝，她覺得很有意思。

一家人各自挑選好食物後，互相分享，最後投票，全家人最喜歡雞肉咖哩飯，

「還可以加熱耶。」他們沒想到，臺灣的便利商店應有盡有，還能買高鐵票、

對東方廟宇深感興趣的一家人。

付學費、繳帳單，這讓他們愛上了7-11，在往後的旅途中，他們總會去買咖啡、礦泉水、零食，或補充其他生活用品。

我們繼續往東海岸前進，走風景絕佳但蜿蜒曲折的蘇花公路，夫妻倆擔心我開車受孩子吵鬧而影響，早早就設法讓孩子睡著。蘇花公路一邊是山一邊是海，我對他們說，海（太平洋）的另外一頭，就是你們的家鄉美國了。

接近中午十二點，老三艾薇開始在車內嘟囔：「我肚子餓，中午吃什麼呢？」我看看手錶，果然接近用餐時間，我自己也不太能忍受飢餓，更何況是小孩，絕對不能餓到，於是馬上想出三種選擇：7-11、太魯閣原住民特色餐及花蓮在地小炒餐廳，讓他們自行決定。

我邊開車邊聽他們討論，大家都認為已經吃過7-11了，午餐決定吃些不一樣的，就繼續討論另外兩個選擇。這時，莫莉蹦出聲音說：「我想吃三明治。」

「三明治在7-11，妳確定還要吃嗎？」艾蜜莉問，莫莉搖搖頭。

「我想吃義大利麵。」這回換艾薇有意見。

「剛剛 Miss Lee 說了三種選擇，這是第四種喔，恐怕 Miss Lee 變不出來。」身為媽媽的艾蜜莉果然很有智慧。

最後，全家決定去太魯閣牌樓前的藍藍餐廳，嘗嘗在地鮮味。這裡沒有菜單，完全現點現炒，所以由我幫忙點一些家常菜，如劍筍炒豬肉、小魚乾炒山蘇、菜脯蛋等。用餐過程中我發現，他們顯然還在適應臺灣料理中對食物的多樣調味及配料方式，比如說：有的菜餚是以肉類為主，以蔬菜為配菜；有的則是以蔬菜為主，配上少量的小魚、蝦米或是樹子、薑絲、蒜蓉等提味。跟西方食物中肉是肉、菜是菜的單純料理方式差異頗大，不過對於沒見過的山蘇和劍筍，他們還是吃得頗為開心。

通常，傑夫在用餐前會先問我預計有多少時間可以用餐，然後再跟孩子宣布，「我們不想因為孩子，影響到妳安排好的行程，也對妳估算好的行車時間造成困擾。」真是一對體貼細膩的夫妻，難怪能把四個女兒教得這麼好。

在大自然中學習：每天一個新疤的成長

當行經蘇花公路最絕美的路段：清水斷崖，我們下車欣賞海天一色的壯麗景觀。「海水的顏色怎麼這麼漂亮？」哈爾密克夫婦問我。我說，這裡不是只有大理石，還有石灰岩、花崗石等，經過雨水沖刷不同礦物質，讓海水形成多層次的不同顏色：太平洋還有黑潮，帶來很多漁獲，所以日本人稱這裡為寶地。說著說著，剛下過雨後的天空，雲霧飄渺，清風徐徐拂過臉頰，「這樣美好的天氣，也是上帝的恩賜呢。」傑夫說。

來到太魯閣國家公園，大家都很高興終於可以下車走走步道，因為長途搭車對小孩來說真的很辛苦。夫妻倆也特別對我說，他們全家都喜歡健行，也很能走，所以我先帶他們去走白楊步道，看白楊瀑布及位於步道終點的水濂洞。

白楊步道原本是臺灣電力公司的施工道路，如今已修成平緩寬闊的步道，最特別的是途中會經過七個漆黑的隧道。一路上，艾蜜莉跟兩個較小的女兒走後

上／砂卡礑步道隨處可見的美景。
下／墾丁獨特的珊瑚礁植物。

面，傑夫則跟較大的女兒走前面，他們一家人邊走邊不時聽聽泉水聲、鳥鳴聲，認真用眼睛和耳朵欣賞大自然的美好。我則是前前後後移動著跟小女孩們聊天。偶爾，小女孩會問我這一路上還能看到什麼昆蟲或鳥類，或沿路怎麼有這麼多長長的隧道，還會經過多少山洞，也會問我為什麼這裡有這麼一條道路，日本人為什麼要來這裡發展水利發電等等，問題既認真又深入。

走到一半，我指著長在樹上的鳥巢蕨對他們說：「這就是中午吃的山蘇。」山蘇長在樹上，就像鳥巢，所以稱為鳥巢蕨，葉子很嫩，臺灣人就摘下炒來吃，但臺灣人太好吃了，乾脆種在地上。他們一家人聽得津津有味，接下來的行程裡，我發現他們最愛吃的蔬菜，就是山蘇。

那段時間因臺灣氣候乾旱，白楊瀑布水流變得細長，沒有往常的壯闊，但他們知道這是因為氣候乾旱，反而覺得自己能看到細長瀑布很幸運。

到了步道終點水濂洞，艾蜜莉很想進洞探險，可是天色已有些昏暗，只好再度開會討論，最後決議全家人一起進去。水濂洞中大小水柱從山壁兩旁和上方自然傾瀉而下，非常特別，但進入洞中必須穿雨衣或撐傘，也要帶手電筒。洞外，有其他遊客好心留下的拋棄式雨衣，大家各自選雨衣穿上。艾蜜莉抱著蔻拉，也幫她穿上雨衣，然後領著艾薇進入；傑夫則帶較大的兩個女兒走完全程，水濂洞內完全無光，黑漆漆的，艾薇一進去就開始大叫，沒辦法，艾蜜莉只好帶著她和蔻拉撤離。

走出洞口，我聽到艾薇質疑媽媽剛剛為什麼講話很大聲，艾蜜莉回答：「因為我要讓爸爸和兩個姊姊知道我們要先離開，所以講話才這麼大聲。」聽完解釋，艾薇才釋懷地點點頭。

我很佩服這家人，在時陰、時雨的氣候下，還能開心走路好幾個小時。隔天，我又繼續帶他們去走太魯閣長春祠、燕子口以及砂卡礑步道。

事後哈爾密克夫妻對我說，太魯閣峽谷果然名不虛傳，擁有讓人屏息的大理石峽谷、險峻的山崖、蜿蜒的溪流，還有中橫公路上鬼斧神工的隧道等絕佳景觀，跟他們熟悉的美國大峽谷有著截然不同的風貌。在太魯閣的兩天中，我們也很幸運地看到天空出現如神獸飛舞的祥雲，清爽空氣中，我們一行七人大口大口地深呼吸，之前一路上的舟車勞頓，彷彿瞬間消失。離開太魯閣之前，我們爬上祥雲寺，這裡擁有全世界最高的地藏王菩薩，視野遼闊，慈悲觀世。

熱愛大自然的這家人，當我們抵達臺東知本，他們又開始興致勃勃在知本森林遊樂區內四處健行。他們仔細叮囑孩子們，下坡樓梯的青苔會滑，一定要慢慢走，偏偏老三艾薇快速地往山下跑，一個不小心跌在石階上，腳一流血，她便放聲大哭。我看著傑夫先抱住她，不說話，艾蜜莉刻意走在後面保持一段距離，不讓她有機會撒嬌。

「我們說過不能跑。」傑夫抱住艾薇輕聲說著，語氣中沒有責罵。「跌倒是因為妳自己，不能怪任何人，妳確定還要再跑嗎？」他追問著。

「我不會再跑了。」滿臉淚痕的艾薇說。

這時，傑夫才放心鬆手讓她自己走。

在我眼裡，艾薇很有意思，每天都會闖禍，天天在身上增加一個新傷疤，都是生活的痕跡吧。我要她趕快擦藥，她說：「別擔心，我每天都會多一個疤。」

「一天一個疤，應該夠了。」傑夫苦笑著說。

我記得我陪她們最後一天時，我打趣問著艾薇：「妳在臺灣留了幾個疤呢？」

「我也不知道耶！」她古靈精怪地說。我猜也是，因為旅程還沒真正結束呀。

學習尊重：兩歲，說對不起也不能馬虎

我自己沒有結婚及生養小孩，但我透過這對夫婦，看到很成熟的家庭教養方式。

那天，當我們還在花蓮時，後座兩歲的蔻拉用腳踢了葛麗絲的臉。正在整理行李的艾蜜莉聽到葛麗絲一說，立刻放下手邊的事，上車輕輕打了蔻拉臉頰一下，正色說著：「蔻拉，看著我，妳絕對不可以打別人的臉！她是妳姊姊，妳

必須跟她說對不起，我等妳跟她道歉！」

「對不起！」蔻拉連話都還說得不清楚，依然對著姊姊用眼神及肢體動作表示歉意，而葛麗絲也馬上接受蔻拉的道歉。

我透過後照鏡看到這一幕時，非常感動，兩歲的小孩竟然可以聽得懂、也接受了媽媽教誨。

抱怨，只會破壞旅行的美好

當他們八天導遊，過程中孩子難免有些爭執或情緒，這對夫妻總是很有智慧地化解，印象最深刻的是，當我們準備離開知本溫泉時發生的一件事。

六歲的艾薇不耐於長途搭車，不喜歡移動，可是她不懂如何表達。我們住在知本溫泉渡假村小木屋，開心地泡了兩晚溫泉，彷彿即將安定下來；當我們準備離開時，她開始在車上哭鬧不休。

艾薇被媽媽客氣地請下車，試圖跟她溝通，這時她開始狂叫；艾蜜莉只好輕輕打她一下，拍拍她的肩膀，請她冷靜。「親愛的，每個人都想要照自己的想法走，但人不能這麼自私，妳這樣會破壞大家的情緒，妳只想到妳自己，卻弄得大家不舒服。」艾蜜莉堅定溝通與溫柔的安撫聲音，悠悠地傳到駕駛座的我耳邊。

坐在副駕駛座的傑夫對我說：「謝謝妳這麼有耐心。艾薇需要時間冷靜，其實她今天想跟媽媽坐，因為又要開始一天的長途旅行，但莫莉會暈車，需要媽媽在旁照顧。旅行有旅行的規矩，座位安排必須經常更換，讓大家都是公平的。」語畢，他開始安排車內的座位，他請大女兒坐到蔻拉旁邊，以便於暫時充當母親角色，莫莉則暫時坐到後座。安排好之後，他關上車門，請我開車。

我只好拋下走在路上的艾蜜莉跟艾薇，開車去辦退房手續。

透過後照鏡，我看到艾蜜莉牽著艾薇的手，沒有多說話，靜靜地陪著女兒走一段路，短短十分鐘，女兒可以感受到媽媽的愛與陪伴，慢慢穩定下來。等我回來重新打開車門，我看到艾薇笑著上車，彷彿什麼事都沒發生。這時傑夫又重新安排座位，艾薇、蔻拉還有莫莉坐一起，艾蜜莉則和葛麗絲坐在最後一排，「今天中午十二點以前，都這麼坐喔。」傑夫鄭重宣布。

坐回副駕駛座的傑夫說：「人與人之間都要學會尊重，跟孩子也要深度溝通，讓她們充分瞭解自己的行為對錯。」

對我來說，我的確看到這對夫妻努力用各種方式溝通，孩子也學會如何尊重彼此，就像這八天的旅途中，他們從來不讓我幫忙拿行李，他們認為這是他們自己的責任，不能增加我的工作量。

跨越年齡、文化的 Girls talk

每天，這些女孩在我車上開家庭會議，討論吃什麼，還會不停地唱歌，童言童語，相當可愛。

從知本開往墾丁的路上，傑夫身體突然不太舒服，全家討論決定讓傑夫改坐艾蜜莉旁方便照顧，另外一項決議是，讓大姊葛麗絲坐到副駕駛座，因為她們擔心我一人開車會寂寞。

往墾丁奔馳的路上，因而展開了別開生面、趣味盎然的 Girls talk。

「Miss Lee，如果可以選，妳想住在哪裡？」葛麗絲試圖展開跟我聊天的話題。

「我還是希望能住在臺灣。」

「為什麼？」

「我喜歡很多地方，去玩或生活一段時間可以，但這幾天在臺灣妳有沒有發現，在這裡不管想做什麼都很方便，生命到了某一個階段，妳就會感受到有相同的語言很重要。」我的話，恰巧碰觸到她的內心深處。

葛麗絲突然感性起來，忙不迭說出內心話：「對啊，我在義大利出生，我對歐洲比較有感覺，我想學義大利語；但現在住在沖繩，有現成的環境學日文，但我很難進入日文及適應日本文化，這語言對我來說沒有感覺，日文應該無法成為我的第二語言。」

「那妳呢，妳自己最想住哪裡？」我反問。

「我也不知道。」

「妳去過這麼多地方，如果有機會，妳最想再去哪裡呢？」她接著提問。

「每個地方跟人一樣，都有獨特之處，我只有不喜歡的地方，不過我不喜歡的地方非常少，而且隨時會改變，除非當地人很不友善，我才會不喜歡。」

葛麗絲略帶成熟地說：「我們因為爸爸工作的關係，常常搬到不同地方住，但是我們通常還是跟美國人在一起，我們其實不太知道如何跟其他文化的人相處、對話。有時我不懂別人的想法，Miss Lee，妳很像西方人，我覺得跟妳講話不像跟東方人講話，沒有溝通上的問題。」

「因為我們一樣到處旅行、四處為家，我用英文與妳們溝通，我也有在美國的生活經驗，所以比較沒有問題吧。」

「那妳為什麼學英文？」這半大不小的女孩持續大哉問。

「這不是我的選擇呀，從小我們的教育就要學英文⋯⋯」就在我回答到一半時，突然看到路上有個假人在當施工區段的路障，假人有張黑色的臉，說實話，平常我根本不曾留意。

「為什麼假人跟一般臺灣人的臉不同？」傑夫比較舒服些，在後面聽到女兒們不約而同的疑問，就要她們趕緊發問。我回答：「因為臺灣雇用很多東南亞籍勞工，這些修路的工人多半來自那裡。」

「原來如此。」

我改變話題，想和她聊聊女孩心事。

「妳每三年搬一次家，那妳有沒有好朋友？」我問坐在旁邊的葛麗絲。

「沒有。」

這倒特別，通常美國女生十三歲左右早就開始談戀愛。葛麗絲自己卻認為應該更成熟些，再談成人世界的感情，而且身為長女，應該做妹妹們的榜樣。

「我那麼常搬家，我得面對不可避免的現實就是，常常換學校跟朋友。」

「Miss Lee，妳的下一個旅行目的地是？」葛麗絲想知道我接下來打算去哪裡旅行。

剛好我在墾丁接到兩通電話，五月將帶團去瑞士跟德國。

於是，我對葛麗絲說：「今天我剛剛有了下一個旅程目的地。」

「我可以跟妳一起去嗎？」十三歲的她眨眨大眼，略顯期待。

她們真的把我當成一家人，我聽到艾蜜莉說：「如果 Miss Lee 說可以，妳就可以去。」

艾蜜莉頗當一回事地對我說：「我們暫時無法全家去歐洲旅行，Miss Lee，妳到了歐洲，就幫我們好好吃義大利的冰淇淋與美味的料理吧。」

甜美的哈爾密克四姊妹。

聽得出來，這一家人，真的很熱愛旅行。

總算抵達墾丁，他們問我隔天早上的行程可否提早結束，讓他們好好待在墾丁兩晚，好好休息，因為全家人都累壞了，這時只想去潛水及讓孩子在海邊玩玩水，什麼也不做。

來臺灣潛水，是擁有高級潛水執照哈爾密克夫妻兩人的夢想，他們為了能安心潛水，特地跟孩子們商量。長女葛麗絲很有責任感，自願放棄潛水，留下來照顧妹妹，她清楚明白不能把妹妹們全都丟給我看管。於是，艾蜜莉宣布，大家要聽導遊——Miss Lee，也就是我的話，這段時間由我照顧，「妳們不可以做任何 Miss Lee 不希望妳們做的事情。」

於是，我成了這一小時的臨時保母，女孩們在海邊沙灘曬太陽、玩沙，葛麗絲在一旁抱著蔻拉，一邊幫我看著另外兩個妹妹，這段溫馨的時光及畫面，我仍印象深刻。

隔天，夫妻倆特別謝謝我，好好睡一覺後，一家人原本疲憊的神情煥然一新，好像魂都回來了似的。

童言溫心：妳到沖繩玩，換我們當妳的導遊

結束墾丁之旅，我們相處的行程也進入尾聲，我開車送他們到高鐵左營站，準備把他們交給另外一位導遊，我則隻身回到臺北。

在車上，夫妻倆對我說，之前對來臺灣旅遊沒有太大期待，本來只是想來享受大自然；沒想到，旅途中他們發現女兒們可以一起旅行了，也發現長女葛麗絲更有責任感了，六歲的艾薇雖然還會情緒不穩，卻也開啟了自我意識，知道自己哪裡不對，這令夫婦相當窩心。

同時，他們完全沒想到可藉此瞭解臺灣許多民俗、飲食文化等，「也因為天氣不好，我們因而享受到其他樂趣，That's our life，非常感謝妳。」傑夫難得

感性地說。

在高鐵站，艾蜜莉要孩子們都下車，跟我正式道別。

她先擁抱我，對我說：「因為妳，讓我們有美好的家庭旅行。」

「每一天都像是我的私人旅行，我一點都不覺得在工作，我從你們身上學到很多。我沒有結婚也沒有孩子，對孩子也沒有耐性。」我說，因為你們，這也算我的身心復甦之旅，行程一開始時我身體不舒服，嚴重咳嗽到幾乎失聲，一天含掉一盒喉糖。

「謝謝妳的耐心。」艾蜜莉又說。

「我完全沒有用到耐心。」我誠實地回說，是你們把孩子教得很好。

軍人性格的傑夫，雖然在車上跟我談得最多，道別時他反而沒多說什麼：「因為妳，我們聽到很多有關臺灣的故事，體驗臺灣許多角落的美；妳很幸運，臺灣真的很美。」

老實說，每次我帶外國人體驗臺灣，最後聽到這些時，就會打從心底感恩：

好棒，我可以生活在這樣的地方，臺灣。

後來，我把這幾天的照片整理好，寫了一封長信給他們：「謝謝你們，我們一起完成一趟非常美好的旅行，我非常感動，你們把我當成家人及朋友，這八天，跟著一家人生活，去體驗我的家鄉，我對家鄉又有更多認識與感激，跟你們在旅行中生活，發現相似的價值觀，我非常珍惜這樣的相遇。我答應你們會去沖繩找你們學潛水，相信有一天，我們也會在地球某個角落相遇。」

這趟家庭旅行對我們都是一場學習及體驗之旅，孩子們學習如何跟外人一起旅行、尊重大自然、及接受當下；並且遊走在不同文化情境、不熟悉的生活環境中，練習用開放的心去體驗、瞭解自己及完全陌生的人及情境。我想，這是家庭旅行的真諦。

景觀最亮點——

臺東／東河橋風景區

臺東縣東河鄉東河村的北方（舊東河橋下），於台 11 線 131.5 公里處轉入台 23 號道續行約 100 公尺可到達入口

電話：089-84-1520

位於出海口的東河新橋，深紅色的橋梁醒目可見，除了可以看到壯麗山水與橋影，更有許多活潑的臺灣獼猴在此生活，可以近距離觀察。

景觀最亮點——

屏東／貓鼻頭

屏東縣恆春鎮貓鼻頭公園管理室

電話：08-886-7520

貓鼻頭距白砂約三公里半，有一處珊瑚礁岩外形就像是蹲著的貓，因而得名。貓鼻頭為臺灣海峽與巴士海峽的分界點，並與鵝鑾鼻形成臺灣最南之兩端。通常旅人到墾丁時，會到大街或鵝鑾鼻，但極易遺忘這一個也很值得造訪的景點。

美國家庭環臺十二天行程

day 1 中正紀念堂→迪化街→龍山寺（晚餐：鼎泰豐）

day 2 東北角龍洞→宜蘭傳統藝術中心→羅東夜市

day 3 清水斷崖→燕子口→白楊瀑布步道

day 4 沙卡噹步道→長春祠步道→慈母橋→文山溫泉→布洛灣休憩區

day 5 三仙台→東河橋看臺灣獼猴→小野柳→知本溫泉

day 6 知本森林遊樂區→臺東鐵花村

day 7 臺東→墾丁森林遊樂區

day 8 風吹砂→墾丁白沙海灘→墾丁大街夜市（原計劃至綠島潛水，因天候不佳取消）

day 9 墾丁南灣潛水→貓鼻頭→高雄左營蓮池潭

day 10 大鵬灣風景區→臺北動物園看貓熊

day 11 臺北 101 及信義購物街區

day 12 離臺

後記

一場場令人期待的「外遇」

Travelling life, it is all about people

李慕瑾

二〇一五年春天起，利用國內外旅行間的空檔，在臺北的九間咖啡廳，由我的心靈好友林芝安，陸續聆聽、書寫九個「外國旅人跟我在臺灣的故事」。

重新回到這些發生在過去六年間的旅程，瑣碎的細節，早已隨著持續地旅行而從記憶中消散，不曾遺忘的是在旅行中，人與人間的真誠交流，與共同走入各種在地生活的體驗所產生的悸動，這是烙印在我們彼此心中屬於臺灣最美的風景。

常有人問我：外國旅人最喜歡臺灣哪裡？

「在路上」是學習、是體驗當下。

我的回答是：並非哪一個特定的景點，而是臺灣瀰漫自由、文明的社會氛圍、是臺灣隨處可及的好山好水、還有臺灣迷人的多樣生活文化。

一對足跡踏遍全球、鍾情小島的英國退休夫妻跟我說：很難想像這麼一座島嶼，各種地貌齊全、宗教信仰充滿包容性、人們生活、舉止和各層面設施相當文明（Civilized）。

也有許多朋友針對臺灣引以為傲的美食，問起我外國人的接受度及看法？

我會說：外國旅人多半深受臺灣多元化飲食文化吸引，因而樂於嘗試，他們對食物的評價若是「有趣（Interesting）」，就代表還不太習慣，但是頗感新鮮；對於認定美味的料理，無法像臺灣人精確描述口感、味覺，倒是對於不曾看過的食材、多樣的料理方式深感好奇，最終美味取決於食物整體的呈現。

印象深刻的是一位美國的美食家，跟我品嘗臺灣各地高檔及庶民料理後，評選心目中最愛的是竹山的一家山野餐廳，理由是：最誠實的食物（Honest food），他認為我們吃到新鮮原味的食材、烹調者對食材的尊重及用心，並非試圖表演廚藝的做作料理。

跟著外國旅人用生活的路線走訪臺灣，我開始有著不同的視角，重新認識這片土地，也變成我熱愛生活的一部分，他們帶給我豐盛的身心靈洗禮：從不匆忙追逐行程、景點，因為閒適的旅行步調，讓人細細品味並充分享受當下，也回應對旅行生活質感的期待。

體驗，從開放的心胸及尊重開始：單一信仰的西方旅人，在臺灣的寺廟中俯身貼近虔誠信眾，學習拈香、擲筊、敬拜佛道諸神，實際體驗多元信仰文化及宗教的包容性。

敬畏及向大自然學習，我幾乎沒遇到抱怨壞天氣的外國旅人，他們總是尊重大自然，接受上天給予最好的安排；在行走自然間，總是步伐穩當、靜靜地聆聽、全然投身自然，少有交談或是拿著相機、手機紀錄的狀態，他們因此引領我看到不少臺灣特有的動植物。

對自己的旅行負責是我學到的另一重要功課：不論對於同行的旅伴、服務的人員，或者說完全不相干的人，皆一視同仁，自己才是負責旅行當中安全、飲食、觀感的人，對於別人提供的服務及協助總是抱著感恩及回饋的心。

這些世界旅人讓我看到寬廣的視野並非靠遊歷國家的數量及旅行的頻率，而是由旅行者的態度決定。

我們的經驗並不能擴大到所有外國旅人，但我深信這是我們心目中真正的旅行者及值得探索的臺灣經驗。

此刻，心裡想著：

我很幸運，從小就有一個熱愛旅行、生活的家，每一年總有大大小小走訪臺灣的家庭旅行；當旅行生活（Travelling life）變成我現階段的生命主軸時，家人是全力支持我隨時到處旅行的後盾，朋友們用「樂於當我旅伴」的行動鼓勵我持續「在路上」，希望生活在這塊土地的人，藉著外國旅人與我的美好相遇，還有我熱愛的生活式旅遊，受到鼓舞，一起加入用旅行愛上臺灣的行列。

大自然的美好鋪陳，只待欣賞。

品味地球 KTH2022

外國旅人遇見臺灣驚豔

作　者—李慕瑾
採訪撰文—林芝安
主　編—李宜芬
執行編輯—楊佩穎
美術設計—蕭旭芳
執行企劃—張燕宜
企劃助理—石瑷寧

董事長
總經理—趙政岷
總編輯—余宜芳
出版者—時報文化出版企業股份有限公司
（一〇八〇三）台北市和平西路三段二四〇號四樓
發行專線—（〇二）二三〇六—六八四二
讀者服務專線—〇八〇〇—二三一—七〇五、（〇二）二三〇四—七一〇三
讀者服務傳真—（〇二）二三〇四—六八五八
郵撥—一九三四—四七二四時報文化出版公司
信箱—台北郵政七九～九九信箱

時報悅讀網—www.readingtimes.com.tw
法律顧問—理律法律事務所 陳長文律師、李念祖律師
印　刷—詠豐印刷有限公司
初版一刷—二〇一五年十二月十八日
定　價—新臺幣三八〇元

行政院新聞局局版北市業字第八〇號

國家圖書館出版品預行編目 (CIP) 資料

外國旅人遇見臺灣驚豔 / 李慕瑾著 林芝安採訪撰文 . --
初版 . -- 臺北市 ：時報文化, 2015.12
面；　公分 . -- (品味地球 ; KTH2022)
ISBN 978-957-13-6443-8(平裝)
1. 臺灣遊記
733.6　　　　104020892

Printed in Taiwan.